Ponyhof Liliengrün

Ställe

Ställe

Scheune

...heune

Futter-
kammer

Hintere
Koppeln

Kelly McKain
Ponyhof Liliengrün
Meine schönsten Ponyferien

Alle **Ponyhof Liliengrün**-Abenteuer:

Kelly McKain

Ponyhof Liliengrün
Meine schönsten Ponyferien

Aus dem Englischen übersetzt
von Elisa van Aaken und Simone Wiemken

Illustriert von Mandy Stanley

ISBN 978-3-7855-8227-5
2. Auflage 2016
© für diese Ausgabe: Loewe Verlag GmbH, Bindlach 2015
Dieser Sammelband enthält die Einzelbände *Marie und Merlin*,
Paula und Prinz und *Clara und Camillo* aus der Reihe *Ponyhof Liliengrün*
© 2006–2012 Loewe Verlag, GmbH, Bindlach.
Die Originalausgaben sind in Großbritannien bei Stripes Publishing
Limited unter den Titeln *Megan and Mischief*, *Poppy and Prince* und
Chloe and Cracker in der Reihe *Pony Camp Diaries* erschienen.
Copyright Text: © 2015 Kelly McKain
Copyright Illustrationen: © 2006–2011 Mandy Stanley
Alle Rechte vorbehalten.
Aus dem Englischen übersetzt von Elisa van Aaken
und Simone Wiemken
Umschlagillustration: Heike Vogel
Umschlaggestaltung: Elke Kohlmann
Printed in Germany

www.loewe-verlag.de

Inhalt

Marie und Merlin

Paula und Prinz

Clara und Camillo

Ponyhof Liliengrün

Marie und Merlin

Liebe Ponyfreundin,

ich heiße Millie und wohne mit meiner
Familie auf dem Ponyhof Liliengrün.
Hier leben meine Eltern, Josie und Jan,
mein Bruder Tommy, viele Hunde und
natürlich die Ponys!
Unsere Reitlehrerin Sally ist sehr nett
und wird dafür sorgen, dass die Woche ein
voller Erfolg für Dich wird. Wenn Du etwas
nicht weißt oder nicht verstehst, frag einfach
nach. Wir sind da, um zu helfen, sagt Sally
immer. Ich will natürlich auch, dass Dir

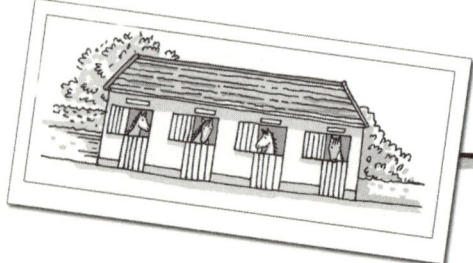

der Reiterurlaub Spaß macht – also keine falsche Bescheidenheit!

Das Beste ist, dass Du ein eigenes Pony bekommen wirst, das Du auch selbst ver-sorgen darfst. Die Ponys können es kaum erwarten, Dich endlich kennenzulernen und Spaß mit Dir zu haben!

Außerdem werden wir noch etwas ganz Besonderes machen – einen Strandausritt!

Diese Ferien wirst Du bestimmt nie vergessen!

Alle vom Ponyhof Liliengrün wünschen Dir eine schöne Zeit!

Bis bald
Deine Millie

Endlich da!

Ich bin tatsächlich auf dem Ponyhof!
Endlich!

Ich kann es gar nicht abwarten,
mein Pony kennenzulernen! Ich bin so
gespannt, welches ich kriegen werde!
Typisch, Mama und Papa haben mich viel
zu früh hier abgeliefert und bis jetzt ist
noch niemand sonst da. Josie hat mir
eine Karte und einen Zeitplan gegeben.
Am Freitag sollen Reiterspiele stattfinden,
mit Preisen und allem – superaufregend!
Ich habe noch nie bei irgendwelchen Wettkämpfen mitge-
macht und ich würde zu
gerne eine Schleife für meine

Pony-Pinnwand zu Hause gewinnen. Das wäre klasse!

Während Mama und Papa mich im Büro des Ponyhofs angemeldet haben, sah ich mich schon mal unauffällig um. Es ist wirklich toll hier.

In einer der Boxen entdeckte ich ein riesiges Pferd. Mit ihm könnte man einen Acker pflügen. Ich hoffe nicht, dass ich dieses Pferd bekomme, denn es ist zu gewaltig!

Außerdem waren im Hof zwei süße Ponys angebunden. Ein Mädchen mit blonden Locken hat ihnen den Schweif gewaschen. Aber die beiden wären zu klein für mich. Dann entdeckte ich hinter dem Reitplatz eine große Weide, auf der noch viel mehr Ponys standen. Darunter auch ein kräftiger Schecke und ein herumtänzelnder Palomino. Ich muss unbedingt bald herausfinden, welches Pony für mich sein wird.

Ich bin so aufgeregt, dass es sich anfühlt, als würden die Früh- stücksflocken in meinem Bauch ein Tänzchen veranstalten!

Bis jetzt bin ich noch nie allein von zu Hause weg gewesen. Besonders kribbelig bin ich wegen dieser Sache, die ich heimlich gemacht habe. Auf den Anmeldebogen habe ich nämlich nachträglich noch geschrieben, dass ich gern ein schnelles Pony hätte.

Das passt eigentlich gar nicht zu mir, denn in meiner Reitschule zu Hause reite ich immer nur auf den langsamen, gemütlichen Ponys. Weil ich zu schüchtern bin, habe ich mich noch nie dagegen gewehrt. Deshalb glauben alle, dass es mir gefällt, hinter der Gruppe herzutrotten und mein Pony wie verrückt anzutreiben, um wenigstens ein paar Schritte traben zu können. Aber jetzt bin ich bereit für eine Herausforderung auf Ponyhof Liliengrün! Hier kennt mich keiner, deshalb kann ich ein ganz anderes Mädchen sein. Nicht die Marie, bei der nachts im Flur immer noch ein Schlaflicht brennt und die im Park nicht mit Fußball spielen will, weil sie Angst hat, dass ihr der Ball gegen den Kopf knallt. Ich werde eine ganz neue Marie sein … Marie, die Mutige!

Ich bin so gespannt, wie die Mädchen sind, mit denen ich das Zimmer teilen werde. Ich habe schon das untere Stockbett belegt. Das gefällt mir, denn wenn man sein Handtuch von oben herunterhängen lässt, hat man eine gemütliche Höhle. Meine Süßigkeitendose habe ich unter dem Bett versteckt, falls wir eine Mitternachtsparty machen.

Endlich sind auch die anderen Mädchen da! Gerade habe ich meine neuen Mitbewohnerinnen getroffen, Millie und Gabrielle. Millie ist so ein Glückspilz, weil sie auf dem Ponyhof wohnt! Sie hat sogar ein eigenes Pony namens Tally.
Gabrielle ist auch sehr nett. Sie trägt ganz tolle Pony-Haargummis. Gerade

haben Millie und ich ihr geholfen, ihre langen, welligen blonden Haare zu flechten. Ich werde mir sofort haargenau die gleichen Haargummis kaufen, wenn ich wieder zu Hause bin.

Mein Pony

Ich habe mein Pony bekommen!

Es heißt Merlin und ist absolut fantastisch. Hier ein kurzer Steckbrief von ihm:

Maries Pony-Steckbrief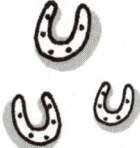

Name: Merlin

Größe: 1,38 m

Alter: 6

Rasse: Araber-Kreuzung

Farbe: Palomino

Abzeichen: Stern und schmale Blesse, an den Hinterbeinen weiß gestiefelt

Lieblingsfutter: Leckerli und Möhren

Charakter: sehr süß und pfiffig, aber
ganz schön ungezogen (darüber später
mehr!)

Stern

weiß gestiefelt

Bevor wir unsere Ponys bekamen, hielt
Josie eine Begrüßungsrede und stellte
uns ihre Mitarbeiter vor. Lydia ist das
Mädchen mit den blonden, lockigen
Haaren, das ich schon gesehen habe.
Sie ist Pferdepflegerin – mein Traum-
beruf! Stell dir vor, du wirst dafür bezahlt,
dass du dich den ganzen Tag um Ponys
kümmerst! Sally ist Reitlehrerin. Sie trägt

diese tollen Minichaps mit Tarnmuster,
die ich in meiner Ponyzeitschrift gesehen
habe und sofort haben wollte. Josie gibt
auch Reitunterricht und kocht für alle.
Ihr Mann Jan kümmert sich um den Büro-
kram.

Jan

Lydia

Sally

Josie

Als Nächstes stellten wir Mädchen uns
vor. Mit Millie sind wir zu neunt, drei in
jedem Zimmer. Carla ist die Jüngste, sie
wohnt mit Cora und Tamara in einem
Raum. Das dritte Zimmer teilen sich drei

ältere Mädchen – Katja und Katrin, die
Zwillinge, sehen nett aus, aber Jana wirkt
etwas mürrisch.

Sie trägt Schmin-
ke und hat blonde
Haare, die sie
dauernd herum-

wirft, als wäre sie in einer Shampoo-
Werbung.

Egal, zurück zu *meinem* Pony!

Als Lydia ein wundervolles Pony aus
dem Stall führte, habe ich ganz fest die
Daumen gedrückt und gehofft, es wäre
für mich. Dann hörte ich Sally sagen:
„Marie, du wolltest eine Herausforderung,
also probieren wir es mit dir auf Merlin."

Ich konnte es kaum glauben! Es war
der wunderschöne Palomino, den ich auf

der Weide gesehen hatte! Ich wäre am liebsten auf und ab gesprungen und hätte „Ja, ja, ja!" geschrien. Aber ich riss mich zusammen, um die Ponys nicht zu erschrecken.

Katja bekam einen hübschen schwarzen Wallach namens Taifun und Gabrielle den kräftigen Schecken Prinz. Die mürrische Jana bekam die glänzende Fuchsstute Sternchen. Sie schüttelt ihre Mähne genauso wie Jana ihr Haar – sie passen also prima zusammen!

Als alle ihre Ponys hatten, sattelten wir sie und reihten uns für die erste Stunde vor dem Aufstiegshocker auf. Als ich oben saß, erschien mir Merlin ziemlich hoch, aber da er schmal gebaut ist, kam ich mit meinen Beinen gut an seinen Bauch. Ich zog sogar allein den Gurt nach und fühlte mich dabei ziemlich erfahren und lässig – bis Merlin einfach losmarschierte, obwohl ich noch nicht wieder richtig im Sattel saß. Lydia musste ihn festhalten. Da fühlte ich mich nicht mehr so toll.

Auf dem Reitplatz sollten wir zuerst nur auf dem Hufschlag reiten und daran denken, gerade zu sitzen, die Hände ruhig und die Fersen tief zu halten. Das klappte gut, denn keine von uns ist eine totale Anfängerin.

Dann klappte es bei mir nicht mehr so gut, denn Merlin fing an, ungezogene Sachen zu machen:

Ungezogene Sache 1:

Wir trabten nacheinander eine Runde,
bis wir wieder hinten an die Gruppe auf-
schlossen. Ich glaube, Merlin fand es
langweilig, Runde um Runde im Schritt
zu gehen und darauf zu warten, dass er
an die Reihe kam. Er marschierte ganz
dicht an Prinz heran und steckte seine
Nase fast in dessen Schweif. Sally sagte,
ich solle ihn mit halben Paraden zurück-
halten, aber das klappte nicht so richtig,
dann blieb Merlin einfach ganz stehen!

Ungezogene Sache 2:

Als wir an der Reihe waren und ich
antraben wollte, sprang Merlin einfach
rückwärts und tänzelte herum. Alle sahen
mich an und ich geriet in Panik. Aber

dann kam Sally mit energischen Schritten
zu uns herüber und da benahm Merlin
sich wieder.

Ungezogene Sache 3:

Als wir übten, über Trabstangen zu
reiten, wurde Merlin ganz aufgeregt und
rumpelte seitlich gegen Sternchen. Ich
zog an den Zügeln und lehnte mich zurück, aber trotzdem stießen meine Beine
gegen die von Jana. Ich bin sicher, dass
es nicht wehtat, aber sie schrie laut
„Autsch!" Dann sagte sie, dass ich Merlin
nicht im Griff hätte. Ich tat so, als würde
ich sie nicht hören, aber ich wusste, dass
alle anderen es *genau* gehört hatten.
Danach bemühte ich mich wirklich, keinen
Ärger mehr zu verursachen, aber …

Ungezogene Sache 4:

Wir ritten um Hütchen herum,
aber Merlin umrundete
sie mit meilenweitem
Abstand, er kam fast
bis an den Rand des Reitplatzes.

„Marie, es wird Zeit, dass du ihm zeigst,
wo es langgeht!", rief Sally. Es war ein
schreckliches Gefühl, vor allen so zu-
rechtgewiesen zu werden. Ich tat ja schon
mein Bestes, aber Merlin beachtete mich
einfach nicht!

Aber das Schlimmste war, als Sally ein
paar von uns – und mich auch – aufforderte, unsere Ponys in die Mitte zu reiten,
während die anderen eine Runde galoppierten. Ich war wirklich sauer, denn zu

Hause auf Fello bin ich schon ganz oft galoppiert. Auch wenn es immer nur ein paar Sprünge waren, nachdem ich ihn ordentlich angetrieben hatte.

Ich mache mir Sorgen, dass Sally glaubt, ich wäre keine gute Reiterin. Ich möchte so gerne etwas bei den Reiterspielen gewinnen und es mit dem Springen versuchen. Aber dafür muss ich mich durchsetzen und Merlin zeigen, wo es langgeht, so wie Sally gesagt hat. Hilfe! Wie geht das? Normalerweise kann ich mich nicht besonders gut durchsetzen. Normalerweise erzähle ich Papa von meinen Problemen und der regelt das dann für mich. So wie bei der Sache mit Julian Martens, der mir in der Schule einen Schneeball hinten in die Jacke gestopft hat, woraufhin Papa den Direktor anrief. Aber jetzt ist Papa nicht hier, um mir zu helfen. Also muss ich mich in Marie die Mutige verwandeln und Merlin zeigen, wer der Boss ist!

Kein anderes Pony!

Wir haben schon so viel gemacht, und das alles am ersten Tag!

Josie erzählte uns nach dem Reitunterricht wichtige Dinge über das Putzen, und ich lernte, wofür man die verschiedenen Strie- gel braucht. In meiner Reitschule zu Hause gibt es ein paar Mädchen, die immer im Stall helfen, aber ich gehöre nicht dazu. Deshalb habe ich nicht so viel Ahnung vom Ponysaubermachen. Nach dem Abendessen waren wir im Pool. Millie, Gabrielle und ich haben Synchronschwimmen gemacht – na ja, wir haben es zumindest versucht. Ich habe wirklich

Glück, dass ich so tolle Zimmer-Mitbewohnerinnen habe! Gabrielle hat ♪ mich an ihrem iPod mithören lassen, obwohl sie diese Stöpsel hat, die man sich direkt in die Ohren steckt. Sie hätte das auch eklig finden können, aber ihr machte es nichts aus, mit mir zu teilen.

Merlin hat am Nachmittag noch drei weitere ungezogene Dinge getan. Unter anderem wäre ich fast runtergefallen, als wir ohne Steigbügel ritten und er erschreckt losstürmte, weil Lydia eine Schubkarre rumpelnd vorbeischob. Ich versuchte wirklich, Marie, die Mutige, zu sein, aber als wir abstiegen, hätte ich

fast angefangen zu weinen. Gabrielle umarmte mich und Millie sagte: „Ärger dich nicht. Es ist nicht leicht, sich an ein neues Pony zu gewöhnen. Und Merlin ist wirklich ein Frechdachs!"

„Aber alle denken, dass ich ganz schlecht reite", sagte ich.

„Niemand denkt das", erwiderte Millie. Aber ich glaube, sie wollte nur nett zu mir sein. Wir beide haben Jana kichern hören, als ich ins Rutschen geriet. In diesem Moment vermisste ich plötzlich Mama und Papa sehr.

Als wir absattelten, rief Sally mich zu

sich und fragte, ob ich ein anderes Pony
haben wollte. Sultan wäre sehr zuverlässig. Ich weiß, zuverlässig bedeutet

Sultan – zuverlässig,
aber langsam

langsam. Meine Augen wurden feucht.
Aber ich schaffte es, die Tränen zurück-
zuhalten, und erklärte, dass ich Merlin
unbedingt behalten wolle.

„Okay, das ist erst mal in Ordnung",
meinte Sally. „Aber ich werde im Auge
behalten, wie sich die Sache entwickelt.
Ich möchte, dass du eine schöne Woche
bei uns hast, Marie, und ich bin sicher,
das möchtest du auch."

Puh, das ist noch mal gut gegangen!

Ich kann nicht fassen, dass sie mich gefragt hat, ob ich die Ponys tauschen möchte. Um meinen wundervollen Merlin zu behalten, muss ich lernen, mich durchzusetzen – und zwar schnell!

Nach der Theoriestunde übers Putzen übten wir das Ganze in der Praxis, das heißt, wir putzten unsere Ponys von Kopf bis Huf. Lydia ging herum, um uns zu helfen. Ich sollte den Plastikstriegel ausprobieren, um den Matsch aus Merlins Fell zu entfernen. Als ich danach mit der weichen Bürste über seine Schulter striegelte, rieb Merlin sein Maul an mir. Ich glaube, er mag mich auch sehr!

Insgeheim stellte ich mir vor, er wäre wirklich mein eigenes Pony, und wir beide wären mit dem Pferdetransporter hergekommen, um zusammen Ferien zu machen.

Ich freue mich schon total auf morgen. Direkt nach dem Frühstück werden wir richtige Ponybesitzer-Sachen machen! Ich werde mit den anderen Mädchen auf die Weide gehen, die Ponys einfangen und auf den Hof bringen.

Heute Abend habe ich meine Eltern nicht angerufen, obwohl wir das nach dem Essen hätten tun können. Ich war immer noch etwas durcheinander wegen der schlechten Reitstunde, und ich wollte nicht, dass Mama und Papa sich Sorgen machen. Morgen fange ich noch mal neu an und werde allen beweisen, dass ich mit Merlin zurecht-komme. Dann habe ich etwas Tolles, was ich meinen Eltern am Telefon erzählen kann!

Vor dem Strandritt

Letzte Nacht sind wir alle ganz schnell eingeschlafen, deshalb gab es keine Mitternachtsparty. Aber wir haben fest vor, das noch nachzuholen. Hoffentlich klappt es diese Nacht!

Heute Morgen war es ganz toll mit meinem wundervollen Merlin – er ist einfach das beste Pony von der Welt!

Und das haben wir gemacht:

8 Uhr 20

Wir haben die Ponys geholt und auf den Hof geführt. Dann haben wir sie geputzt und ihre Hufe ausgekratzt. Bei

Merlin klemmte ein großer Stein nah am Strahl, deshalb musste ich ganz vorsichtig sein.

9 Uhr, Frühstück

Das war toll, denn es gab ganz viele Dosen mit verschiedenen Frühstücksflocken. Man kann nehmen, was man will, und sogar zwei Sorten zusammenmixen. Ich aß Weizenpops und Kokosflocken. Die bekomme ich sonst nie, wegen des Zuckers.

9 Uhr 30

Normalerweise hätten wir jetzt unsere Ponys für die erste Stunde fertig gemacht, aber heute war alles anders, weil wir später an den Strand wollten. Wir

hatten also vormittags unsere Theoriestunde, in der wir etwas über das Bandagieren und Gamaschenanlegen lernten.
Das ist wichtig für die Fahrt im Anhänger.
Wenn man den Schweif des Ponys bandagiert, kann es sich im Pferdetransporter
nicht scheuern. Und mit Gamaschen oder
Bandagen verhindert man, dass es sich
die Beine anschlägt, falls der Wagen mal
plötzlich holpert oder bremsen muss.

Zuerst führte Lydia uns an ihrem
Falben Sonny vor, wie man es richtig
macht. Dann sollten wir es selbst an
unseren Ponys versuchen. Wir werden
nur vier Ponys zum Strand mitnehmen:
Tally, Taifun, Tamino und Merlin, aber
trotzdem übte jeder an seinem eigenen
Pony. Lydia zeigte uns, wie wir sie sicher

im Hof anbinden und einen Ballen Stroh zwischen uns und die Hinterbeine der Ponys legen sollten, falls sie ausschlagen würden. Das Bandagieren des Schweifs klappte bei mir zuerst nicht so gut. Nach

Das war falsch!

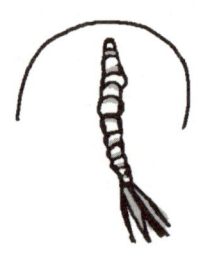

Immer noch nicht perfekt!

der Hälfte löste sich alles wieder auf und hing herunter wie Bandsalat. Lydia erklärte mir, dass ich oben an der Schweifrübe ruhig strammer wickeln konnte, ohne Merlin wehzutun. Danach hielt es besser, auch wenn es immer noch nicht perfekt war.

Dann sollten wir die Ponys für den Strandritt zum Pferdeanhänger führen.

Ich wurde ganz aufgeregt, als ich zusah, wie Jan und Lydia sie einluden. Ich bin noch nie am Strand geritten. Millie sagt, es macht wirklich Spaß.

Als ich zum Auto hinüberlief, in dem Millie für Gabrielle und mich Plätze freigehalten hatte, entdeckte ich die mürrische Jana. Missmutig starrte sie vor sich hin,

weil Sternchen nicht mit zum Strand durfte und sie statt ihrem eigenen Pony Taifun reiten sollte. Ich wollte nach dieser Sache mit dem Bein-Zusammenstoß nett zu ihr sein. „Mach dir nichts draus, Jana, es ist ja nur für einen Ausritt", sagte ich freundlich.

Aber sie sah mich nur höhnisch an. „Was weißt du schon?", antwortete sie. „Dein Pony darf ja mitkommen. Das ist echt ungerecht, wo du Merlin doch gar nicht im Griff hast."

Ich stand nur da und sah sie an. Meine Beine zitterten und meine Augen füllten sich mit Tränen.

Und dann warf sie mir diesen total gemeinen „Was-glotzt-du-so?"-Blick zu.

„Lass dir von ihr nicht unseren Ausflug verderben", sagte Millie, als ich ihr davon erzählte. Und sie hat recht. Ich werde Jana von jetzt an einfach aus dem Weg gehen.

Am Strand

Der Strandritt war super! Ich war mit Millie und Cora in der ersten Gruppe. Katja sollte auch mit uns reiten, aber Jana machte so ein Theater, dass Katja sie vorließ.

Während wir aufsattelten, warnte Sally Jana, mit Taifun nicht zu dicht ans Meer zu reiten, weil er das Wasser nicht mag. Jana grunzte nur. „Tja, warum haben wir dann nicht Sternchen mitgenommen?" Sally lächelte sie an. „Komm schon, freu dich ein bisschen und genieße es." Was dazu führte, dass Jana noch grimmiger guckte.

Grummelmonster

Als wir aufstiegen, war ich ziemlich nervös. Ich war das erste Mal außerhalb von einem Reitplatz, ich hatte vorher noch nicht mal einen Ausritt gemacht. Die ganze Zeit befürchtete ich, dass Merlin plötzlich losrasen könnte. Lydia bemerkte meinen ängstlichen Blick und kam zu mir, um Merlin festzuhalten. Das war mir überhaupt nicht peinlich – ich war einfach nur froh.

Dann ging's los! Sally ritt hinten und Millie war mit Tally an der Spitze. Lydia ritt neben mir. Sie hatte ein Seil in Merlins Halfter geklinkt und führte ihn vom Pferderücken aus, wodurch ich mich viel sicherer fühlte. Wir ritten eine Weile im Schritt, um uns an den Sand zu gewöhnen, der weicher ist als die Holzspäne

auf dem Reitplatz. Dann trabten wir an.
Es war wunderbar, so dahinzuschaukeln.
Als wir anfingen leichtzutraben, dachte
ich nicht „Hoch, runter, hoch, runter". Ich
tat es einfach, wie von selbst. Merlin hatte
ordentlich Schwung und ich musste nur
meine Unterschenkel leicht andrücken.
Deshalb war es für mich viel einfacher
als sonst, locker zu bleiben und nicht
im Sattel herumzuhüpfen. Und ich hatte
überhaupt keine Angst! Wir mussten
keine Wendungen reiten oder uns be-
mühen, auf dem Hufschlag zu bleiben –
es ging einfach nur geradeaus. Ich fühlte
mich mutig und stark, die ängstliche
Marie war verschwunden. Millie hatte
recht: Strandritte sind einfach fantastisch!
Sally lobte mich und sagte, mein neues

Heute bin ich Marie, die Mutige!

Selbstvertrauen würde sich in meinem Sitz und meiner Handhaltung bemerkbar machen, deshalb würde Merlin auch auf mich hören. Ich konnte nicht anders und musste lächeln. Dann parierten wir zum Schritt durch. Sally zählte zur Erinnerung noch einmal die Galopphilfen auf. Wir begannen wieder leichtzutraben, und als Sally uns dazu aufforderte, saßen wir aus und galoppierten an. Millie und Tally fegten los wie eine Rakete, Taifun und Jana rasten hinterher und dann kamen Merlin und ich. Ich versuchte, ruhig zu bleiben und meinen Oberkörper nicht nach vorn zu werfen. Das ist nämlich eine schlechte Angewohnheit von mir. Dieses Mal schaffte ich es! Ich bewegte mich im Rhythmus, und es fühlte sich an, als würden wir fliegen!

Während wir über den Strand galoppierten, drängte Jana Taifun immer wieder Richtung Wasser, bis Sally rief: „Jana, bleib bitte auf dem trockenen Sand. Ich habe dir doch gesagt, dass Taifun das Wasser nicht mag!"

Aber Jana hörte nicht auf sie und ritt einfach immer näher ans Meer heran. Sally wurde ärgerlich und schrie: „Alle durchparieren zum Trab!" Genau in diesem Moment erwischte eine Welle Taifun. Er sprang zur Seite und Jana verlor ihren Steigbügel.

Während sie noch nach ihm angelte, wechselte Taifun ganz plötzlich zurück in den Trab. Jana fiel nach vorne und klammerte sich an seinen Hals. Sie hätte sich vielleicht wieder richtig hinsetzen können, wenn Taifun nicht seinen Kopf gesenkt und laut geschnaubt hätte. Jana plumpste kopfüber ins Wasser! Es war lustig, denn es sah so aus, als hätte Taifun sie extra dort abgeworfen.

Millie und ich konnten uns nicht beherrschen und lachten los.

Aber Jana fand das natürlich überhaupt nicht lustig. Sie wälzte sich herum, griff nach ihrem Bein und stöhnte. Als Sally abstieg und Jana abtastete, hörte ich auf zu lachen. Ich begann mir Sorgen zu machen, dass sie sich ernsthaft verletzt haben könnte. Doch Sally richtete sich wieder auf. „Dir fehlt nichts, du bist nur ein bisschen nass, das ist alles. Ich habe dich gewarnt, nicht zu nah ans Wasser zu reiten."

„Bin ich ja gar nicht", grummelte Jana. „Es war Taifuns Schuld!" Aber Sally zog nur eine Augenbraue hoch. „Lass uns nicht darüber diskutieren. Dir fehlt nichts und das ist die Hauptsache."

Sally half ihr aufs Pferd, aber Jana schimpfte immer noch über den Sturz.

Ich vergaß, dass ich sie nicht angucken sollte, und schon bekam ich wieder den „Was-glotzt-du-so?"-Blick zugeworfen. Ich drehte mich schnell um und redete mit Millie.

Aber mein Magen begann zu rumoren. Ich kann es nicht gut ertragen, wenn jemand mich nicht mag.

Zurück ritten wir nur im Schritt und Trab. Obwohl Jana weiter vor sich hin grummelte, blieb sie genau auf dem Streifen Sand, auf den Sally gedeutet hatte, und ritt nicht einen Millimeter näher ans Wasser heran.

Als wir zum Picknick-Platz kamen, wollten alle wissen, warum Jana klatsch-nass war. Aber sie war eingeschnappt und wollte nichts sagen. Während Josie ihr beim Abtrocknen half, berichtete Millie von dem Sturz. Alle lachten und die mürrische Jana sah noch mürrischer aus.

Ich stimmte nicht in das Gelächter ein und hoffte, Jana würde es bemerken. Aber sie verschwand einfach hinter dem Pferdetransporter, um sich die trockenen Sachen anzuziehen, die Josie mitgebracht hatte.

Dann machte sich die zweite Gruppe bereit. Ich hielt Merlin fest und gab Gabrielle jede Menge Tipps. Aber sie lächelte bloß. „Marie, entspann dich, ich schaff das schon", sagte sie.

Katja saß auf, und als Sally sie wegen Taifun und der Sache mit dem Wasser warnte, lachte sie nur. „Keine Sorge, ich werde auf keinen Fall nah ans Meer reiten. Nicht nach dem, was Jana passiert ist." Darauf lachten wieder alle, was die mürrische Jana noch wütender machte.

Ich beobachtete, wie Gabrielle auf Merlin davonritt, und war nur ein kleines bisschen eifersüchtig. Dann gab es Picknick für uns: belegte Brote mit Käse und Tomate oder Thunfisch und Gurke. Ich aß von jedem eins, ohne die Gurke oder die Tomate herauszupulen. Wenn ich die mutige Marie sein will, muss ich das essen, was es hier gibt. Ich kann nicht so wählerisch sein wie zu Hause.

Cora holte ihre wunderschönen Modellpferde aus dem Minibus und wir spielten alle damit – bis auf die mürrische Jana, die eine Popmusik-Zeitschrift las und uns nicht beachtete. Aus Steinen und Sand bauten wir einen Springparcours. Ich suchte mir natürlich den Palomino aus und stellte mir vor, es wäre Merlin. Ich sprang mit ihm über die Hindernisse und gewann eine wunderschöne Schleife nach der anderen.

Auf dem Heimweg im Landrover erzählte mir Gabrielle, dass es ihr Spaß gemacht hätte mit Merlin. Aber sie wäre doch lieber auf Prinz geritten. Sie könne es nicht abwarten, ihn wiederzusehen. Insgeheim war ich froh darüber, denn ich will nicht, dass sich jemand anders in *meinen* Merlin verliebt!

Ich warte darauf, dass es Mitternacht
wird, damit wir unsere Mitternachtsparty
starten können! Wir haben verabredet,
dass wir alle bis zwölf Uhr wach bleiben.
Jetzt ist es erst zehn nach zehn, aber
Millie und Gabrielle schlafen schon tief
und fest.

Egal, es macht mir nichts aus, allein
zu warten. Um Mitternacht werde ich
sie aufwecken. Dann können wir meine
restlichen Süßigkeiten und die Erdbeerschnüre essen, die Gabrielle mitgebracht
hat. Wir können uns über Ponys unterhal-
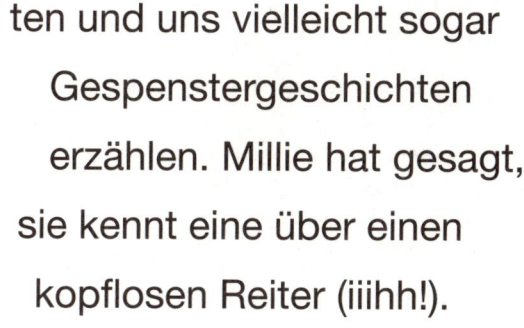
ten und uns vielleicht sogar
Gespenstergeschichten
erzählen. Millie hat gesagt,
sie kennt eine über einen
kopflosen Reiter (iiihh!).

Heute Abend habe ich Mama und Papa angerufen und ihnen erzählt, wie toll der Strandritt geklappt hat und wie zufrieden Sally mit mir ist. Mama war etwas besorgt. Ich musste sie davon überzeugen,  dass alles absolut ungefährlich war. Schließlich hatte ich meine Sicherheitsweste und meinen Reithelm angehabt und lange Ärmel und feste Schuhe getragen.

In meinem Magen grummelte es ein bisschen, als ich auflegte. Fast so wie am Strand, als Jana mir ihren „Was-glotzt-du-so?"-Blick zugeworfen hatte. Ich habe kaum an Mama und Papa gedacht, seit ich hier bin, aber als ich mit ihnen sprach, vermisste ich sie plötzlich sehr.

Doch beim Tischtennisturnier nach dem

Abendessen besserte sich meine Laune wieder. Millie ist supergut im Tischtennis. Gabrielle und ich waren ganz schlecht, aber das war egal, es hat trotzdem viel Spaß gemacht. Millies Vater tat so, als würde er bloß deswegen mitspielen, weil ein Erwachsener das Ganze organisieren musste. Aber wir wussten genau, dass er ordentlich trainiert hatte und unbedingt gewinnen wollte. Im Finale hat Katrin ihn dann geschlagen. Wir haben sie alle angefeuert und laut gejubelt, als sie gewonnen hatte. Als Siegerpreis hat sie ein Pony-Federmäppchen mit ganz vielen tollen Sachen darin bekommen.

Heute ist erst mein zweiter Tag auf dem

Ponyhof und ich habe schon Bandagieren und Putzen gelernt, bin am Strand galoppiert, habe neue Freunde gefunden und Merlin, mein Superpony, kennengelernt – diese Ferien sind einfach traumhaft!

Der Ponyhof ist toll!

Ein schrecklicher Vormittag

Ich kann nicht fassen, dass wir schon wieder Mitternacht verschlafen haben!

Heute wird es spannend, denn wir lernen die Spiele kennen, die am Freitag beim Reiterwettbewerb auf dem Programm stehen. Na ja, ein paar Mädchen kennen sie schon, für sie ist das nur Übung, aber nicht für mich. In meinem Stall zu Hause gab es auch mal einen Reiterwettbewerb. Eigentlich wollte ich da mitmachen, aber in letzter Minute habe ich Angst bekommen und gekniffen. Am Ende habe ich bloß mit Mama zugeguckt. Aber diesmal werde ich dabei sein!

Ich freue mich schon darauf, Merlin zu reiten, nachdem es gestern am Strand so gut geklappt hat. Heute Morgen kam er sofort zum Tor und ließ sich ohne Probleme einfangen. Ich glaube, von jetzt an wird alles ganz wunderbar. Sally wird merken, dass ich eine gute Reiterin bin, und Jana wird staunen und anfangen, mich zu mögen.

☘ ♡ ☘

Oje! Das war der schrecklichste Morgen überhaupt.

Anfangs war noch alles in Ordnung. Zuerst übten wir das Staffelrennen. Im Galopp hatte ich jetzt einen viel besseren Sitz, aber die Wende an der Fahne klappte trotzdem nicht besonders gut. Ich verlor auf dem Rückweg viel Zeit. Beim

Eierlöffel-Rennen musste ich dann beide Zügel in eine Hand nehmen. Plötzlich brach Merlin ohne Grund zur Seite aus und rannte den anderen Ponys in die Quere. Jana wurde total sauer, weil sie Sternchen abbremsen musste, damit sie nicht in uns hineinkrachte. Als ich es endlich geschafft hatte, anzuhalten, rief sie: „Wenn du dieses Pony nicht unter Kontrolle hast, solltest du es nicht reiten!"

Obwohl ich zitterte, musste ich Merlin verteidigen. „Merlin ist kein *es*, er ist ein *er*", sagte ich und versuchte, das Beben in meiner Stimme zu unterdrücken. „Und überhaupt, Ponys sind unberechenbar.

Man weiß nicht immer, was sie vor-
haben."

Jana machte wieder dieses grunzende
Geräusch. „Gib dem Gaul nicht die
Schuld für deine Fehler!" Dann wendete
sie Sternchen und trabte zurück zur Start-
linie. Das Ei balancierte perfekt auf ihrem
Löffel.

Pah! Wie kann sie es wagen, Merlin
einen Gaul zu nennen! Immer noch
schimpfend ritt ich ebenfalls zurück zur
Startlinie. „Ärger dich nicht über sie, sie
ist einfach schlecht gelaunt. Das hat
nichts mit dir zu tun", meinte Millie.

Aber ich glaube, es hat sehr wohl
etwas mit mir zu tun. Jana hat sich noch
nie über jemand anderen beschwert.
Warum immer ich?

Die ganze restliche Stunde ärgerte ich mich über Jana und war deshalb in den anderen Spielen wie dem Apfelschnappen und dem Slalomrennen nicht besonders erfolgreich. Beim Wettspringen war ich so damit beschäftigt, Janas Blick auszuweichen, dass ich mich gar nicht konzentrieren konnte. Deshalb flog ich schon im ersten Durchgang raus. Außerdem mussten wir bei vielen Spielen am hinteren Ende der Reitbahn wenden und zurückgaloppieren, was bei mir einfach nicht klappte. Merlin blieb stur auf dem Hufschlag, wie in einer normalen Reitstunde. Je mehr ich versuchte, ihn herumzuziehen, desto schlimmer wurde es. Sally mahnte immer wieder, dass ich weicher in der Hand werden und mein

Bein mehr benutzen müsse, aber ich
bekam es einfach nicht hin. Dann schlug
sie vor, ich solle die Zügel in eine Hand
nehmen und mich vorne am Sattel festhalten, wenn ich mich unsicher fühle. Als
wäre ich ein totaler Reitanfänger!

Ich möchte so gern, dass Mama und
Papa bei den Reiterspielen am Freitag
stolz auf mich sein können. Aber wenn es
so läuft wie jetzt, werde ich überhaupt
nichts gewinnen!

Als wir abstiegen, rief Sally mich zu
einem Gespräch zu sich. Aber eigentlich
war es kein Gespräch, denn ich sagte
kein einziges Wort. Ich wusste, wenn ich
den Mund geöffnet hätte, um etwas zu
erwidern, hätte ich angefangen zu weinen. Sally erklärte mir, dass sie mich

vielleicht für den Rest der Woche auf ein anderes Pony setzen müsse. „Marie, du kannst die Woche nicht genießen oder neue Dinge lernen, wenn du solche grundlegenden Probleme hast, dein Pony in den Griff zu kriegen", meinte sie ernst.

Sie versteht nicht, dass es mir nicht nur ums Reiten geht. Merlin gehört einfach zu mir, ich könnte es nicht ertragen, wenn wir beide getrennt würden. Und ich genieße es ja trotz der Schwierigkeiten, meistens jedenfalls. Das Putzen und Satteln macht mir Spaß und der Strandritt war super. Aber als ich meinen Mund öffnete, um Sally das zu sagen, kam nichts raus, außer „Aber ich mag ihn so sehr", mit tränenerstickter, wackeliger Stimme.

Sallys Gesichtsausdruck wurde weich. „Ich muss mit Jan und Josie darüber reden, ich werde dir nach dem Mittagessen Bescheid sagen, okay?"

Ich konnte nur nicken, aber meine Gedanken rasten. Was werden die anderen denken, wenn ich Merlin abgeben muss? Was wird Jana sagen? Wird Merlin denken, ich liebe ihn nicht mehr?

Er gehört mir auf auf jeden Fall noch bis nach dem Mittagessen. Ich werde jede freie Sekunde mit ihm verbringen, bevor vielleicht das Schlimmste passiert.

Ich liebe Merlin

üben, üben, üben

Nach dem Mittagessen fühlte ich mich irgendwie krank, mein Bauch tat weh – es lag bestimmt an den Fischstäbchen.

Gabrielle und Millie versuchten mich abzulenken, aber es wurde schlimmer, und Josie schlug vor, dass ich mich hinlegen sollte. Ich ging hinauf und kuschelte auf dem Bett mit Ponty, Millies schwarzem Labrador. Dabei versuchte ich, nicht an Sallys Entscheidung zu denken.

Vor dem Nachmittagsausritt kam Millie zu mir, aber ich fühlte mich immer noch nicht richtig gut. Millie berichtete es Sally, die mir erlaubte, in meinem Zimmer zu bleiben. Als alle weg waren, setzte sich Josie zu mir aufs Bett und fragte, ob es mir jetzt etwas besser ginge. Ich beschrieb die Bauchschmerzen, aber dann erzählte ich ihr von der verpatzten Reitstunde und dass Sally mich vielleicht von Merlin trennen würde.

Josie lächelte freundlich. „Sally hat mir davon berichtet", sagte sie. „Und ich frage mich, ob du dich deshalb nicht gut fühlst, weil du dir Sorgen machst über Sallys Entscheidung."

Da wurde mir klar, dass außer den Fischstäbchen tatsächlich auch die Sorge um Merlin und mich an meinen Bauchschmerzen schuld sein könnte, zumindest ein kleines bisschen. Ich nickte und plötzlich platzte es aus mir heraus. „Sally denkt, dass ich gar nichts kann!"

„Marie, das ist Unsinn", antwortete Josie. „Wenn du nichts lernst und keine Fortschritte machst, ist das unsere Schuld, weil wir dich auf das falsche Pony gesetzt haben. Wir möchten doch, dass dir deine Reiterferien Spaß machen."

„Aber es macht mir Spaß mit Merlin!", rief ich.

Josie sah mich nachdenklich an.

„Na ja, als er sich auf dem Reitplatz so aufführte, hat es nicht so viel Spaß gemacht. Aber am Strand war es super, und ich bin glücklich, dass er mein Pony ist, dass ich ihn putzen und mich um ihn kümmern darf ..." An dieser Stelle konnte

ich nicht mehr weitersprechen, sonst
hätte ich gleich angefangen zu weinen.
Ich wollte Merlin wirklich nicht verlieren.
„Es fühlt sich eben so an, als würde er zu
mir gehören." Jetzt schluchzte ich.

Josie nickte. „Na gut, Marie, vielleicht
können wir da etwas tun. Natürlich ist es
letztlich Sallys Entscheidung, aber möglicherweise … Zieh deine Stiefel an, wir
treffen uns in fünf Minuten im Stall bei
Merlins Box." Dann stand sie auf und
ging.

Auf wundersame Weise fühlte ich mich
gar nicht mehr krank. Ich lief ins Badezimmer und wusch mein Gesicht. Dann
flitzte ich hinunter in den Flur, griff nach
meinem Reithelm und zog meine Stiefel
an. Im Stall spähte ich über Merlins

Boxentür und entdeckte Josie, die ihn aufzäumte und sattelte. Sie reichte mir den Gurt. „Womit hast du am meisten Schwierigkeiten?", fragte sie.

„Eigentlich mit allem", brummte ich, hob das Sattelblatt und schnallte den Gurt fest.

„Na ja, lass uns für den Anfang einfach eine Sache heraussuchen", sagte sie. Obwohl ich ihr Gesicht nicht sehen konnte, hörte ich an ihrer Stimme, dass sie lächelte. „Wenn Merlin begreift, dass du nicht aufgibst, bis etwas klappt, wird alles andere ebenfalls einfacher werden. Du wirst dir dann mehr zutrauen, und Merlin wird verstehen, dass du es ernst meinst."

„Okay", sagte ich und dachte schnell

nach. „Können wir üben, auf einem Zirkel zu wenden? Das war heute Morgen das Schlimmste und Sally hat das bestimmt immer noch im Kopf."

Als wir auf dem Reitplatz waren, wärmten Merlin und ich uns auf und ritten einige Zirkel im Schritt.

Dann ging es ans Arbeiten. Josie erklärte mir, dass mein äußeres Bein die

Form und mein inneres Bein die Größe des Zirkels bestimmte. Ich sollte nicht versuchen enger, sondern weicher zu wenden. Sie gab mir eine Schulgerte, damit ich Merlin antippen konnte, wenn er meine Beinhilfen nicht beachtete. Jedes Mal, wenn Merlin versuchte, nach innen zu drängeln, rief Josie: „Vorwärts, Marie! Bein! Bein! Bein!"

Ich drückte mein inneres Bein so fest an, dass ich dachte, es würde gleich abfallen, aber es funktionierte immer noch nicht. Ich zerrte am äußeren Zügel, um Merlin wieder nach außen auf den Kreis zu lenken, aber er bog einfach nur seinen Hals zur Seite.

„Entspann dich!", rief Josie. „Du bist so damit beschäftigt, an den Zügeln zu ziehen, dass du gar nicht mehr an deinen Sitz und deine Beine denkst. Wenn du es zu einem Zweikampf werden lässt, wissen wir ja, wer gewinnen wird!"

Also versuchte ich, meine Hände zu lockern und mich auf meinen Sitz und meine Beine zu konzentrieren.

Zuerst fiel Merlin weiter nach innen und lehnte sich gegen den Zügel. Aber ich war entschlossen, nicht aufzugeben. „Mach dich groß und schau in die Richtung, in die du möchtest. Sieh nicht dahin, wo Merlin hinwill!", rief Josie. Ich musste lachen. Dann lachte auch Josie und ich fühlte mich etwas besser.

~ Boss

Josie hatte recht, wenn ich ihm zeigen

würde, wer der Boss ist, würde Merlin aufhören, so ungezogen zu sein.

Dann plötzlich klappte es. Ich ritt im Trab einen Zirkel bis zum Mittelpunkt und zurück – und der Zirkel sah nicht aus wie ein Dreieck. Ich schaffte es sogar, ein paar Achten zu reiten!

„Siehst du", sagte Josie. „Du kannst es!"

Dann übten wir, bis zum Rand der Reitbahn zu galoppieren, dort zu wenden und zurückzukommen. Josie zeigte mir, wie ich enger wenden konnte, indem ich mein Körpergewicht einsetzte. Zuerst schien das wieder so eine komplizierte Sache zu sein, die man sich kaum merken kann, aber dann verstand ich es. Josie freute sich und meinte, wir sollten jetzt aufhören. Ich hätte es wirklich prima gemacht. Ich fühlte mich wundervoll. Auch Merlin lobte ich überschwänglich und sagte ihm, was für ein schlaues Pony er ist.

schlaues Pony

Als ich ihn vom Reitplatz führte, schnaubte er und rieb seine Nase an mir. Da wusste ich, dass er ebenfalls sehr zufrieden war.

Bis heute Nachmittag habe ich nicht verstanden, warum Merlin mich nie beachtete. Aber jetzt weiß ich, dass es an mir lag. Ich muss ihm klarmachen, was ich von ihm will und nicht aufhören, mich durchzusetzen. Dann klappt alles viel besser! Insgeheim hoffe ich sogar, dass ich durch Josies Hilfe bei den Reiterspielen eine Chance habe. Nicht auf den Sieg, aber vielleicht auf einen dritten Platz oder so.

Als wir zurück auf dem Hof waren, nahm ich all meinen Mut zusammen, um Josie die große Frage zu stellen.

„Muss ich auf ein anderes Pony wechseln?"

Josie seufzte. „Du weißt, das ist nicht meine Entscheidung, Marie", sagte sie. „Aber vielleicht hast du durch unsere besondere Übungsstunde ja tatsächlich genug dazu-

gelernt, um mit Merlin besser zurecht-
zukommen."

Ja! Also denkt zumindest Josie, dass
wir zusammenbleiben sollten!

Josie ließ mich Merlin im Hof absatteln
und putzen. Lydia sah nach mir, während
sie die umliegenden Boxen ausmistete
und die Wassereimer auffüllte. Als ich mit
dem weichen Schwamm rund um seine
Augen wischte, sagte ich Merlin, wie gut
er seine Sache gemacht hatte und wie
sehr ich ihn liebte. Er nickte mit dem
Kopf und zwinkerte mir zu. Jetzt weiß
ich sicher, dass er mich auch liebt. Dann
musste ich ihm die schlechten Neuigkeiten erklären, nämlich dass wir vielleicht
getrennt werden würden. Ich wusste,
dass er traurig darüber war, also umarmte

ich ihn ganz fest, bevor ich ihn auf die Koppel brachte. Ich sagte ihm auch, dass wir wegen unserer guten Zusammen-arbeit heute vielleicht doch ein Team bleiben durften. Das munterte ihn ein kleines bisschen auf.

Die Entscheidung

Millie, Gabrielle und ich haben letzte Nacht schon wieder keine Mitternachtsparty gemacht, obwohl ich um zwölf Uhr immer noch wach war. Ich entschied aber, die anderen nicht aufzuwecken, weil ich so schön vor mich hin träumte (kann man eigentlich auch nachts Tagträume haben?). Ich malte mir aus, wie Merlin und ich ein Schaf retteten, das in einen Graben gefallen war.

Außerdem war ich viel zu sehr damit beschäftigt, mir Sorgen über Sallys Entscheidung zu

machen, um eine Party zu veranstalten.
Jetzt ist der Moment gekommen, ich
muss nach unten in den Hof und herausfinden, was los ist ...

Sally hat gesagt, ich darf auf Merlin
bleiben! Ja! Ja! Ja! Und puh! Puh! Puh!
Ich bin ja so glücklich!

Wortwörtlich sagte sie: „Josie ist auch
Reitlehrerin. Wenn sie glaubt, dass du
genug Fortschritte gemacht hast, um
weiter auf Merlin zu reiten, dann schließe
ich mich ihrer Meinung an. Aber du musst
trotzdem noch an dir arbeiten."

„Ja, natürlich, ich verspreche es", antwortete ich und rannte hinüber zu Merlins
Box. Ich erzählte ihm die Neuigkeiten und
umarmte ihn stürmisch. Er stupste seine

Nase in meinen Nacken und ich wusste, dass er sich genauso freute wie ich. Jippieh!

Ich bin so froh! Und dann machen wir heute auch noch einen Picknick-Ausritt – kann es etwas Schöneres geben? Direkt nach dem Frühstück werden wir unsere Theoriestunde haben, gleich danach machen wir unsere Ponys fertig. Wir werden ungefähr von halb elf bis halb drei nachmittags unterwegs sein und auch draußen essen – ach nein, picknicken! Das wird bestimmt super! Ich kann es kaum abwarten!

Ich werde der mürrischen Jana schon zeigen, was für ein tolles Team Merlin und ich sind. Jetzt wird alles gut!

Oje, alles ist total schiefgelaufen! Ich habe mich mit Millie und Gabrielle ver-kracht!

Wir aßen gerade unsere Apfelsinen und ein paar Plätzchen, bevor es zum Picknick-Ausritt losgehen sollte. Ich saß neben Millie, starrte in die Luft und dachte darüber nach, ob Mama mir wohl die Minichaps mit dem Tarnmuster kaufen würde. Als kleinen Hinweis hatte ich die Ponyzeitschrift mit der Anzeige für die Chaps aufgeschlagen auf dem Küchen-tisch liegen lassen. Da kam Jana zu uns.

„Du siehst ziemlich gereizt aus, Marie. Aber das ist kein Wunder. Du wirst auf dem Ausritt garantiert Schwierigkeiten mit Merlin haben."

„Darüber mache ich mir überhaupt

keine Sorgen", sagte ich. Ich war entschlossen, mich nicht aufzuregen. „Sollte ich etwa, Millie?"

Ich dachte, Millie würde sagen „Natürlich nicht" oder so etwas, aber stattdessen zuckte sie nur mit den Schultern und sah auf den Tisch. „Na ja, ich tu's jedenfalls nicht", murmelte ich. „Wenn jemand in die Luft starrt und über Minichaps nachdenkt, heißt das nicht, dass er sich Sorgen macht."

Jana warf mir einen gemeinen Blick zu. „Tja, du solltest uns einfach nicht aufhalten, das ist alles", sagte sie im Weggehen.

In diesem Moment kam Gabrielle herüber und bat Millie, ihre Mutter zu fragen, ob es noch mehr Schokoplätzchen gab.

Auf dem Teller lagen nur noch welche mit Vanillecreme. Aufgebracht zeigte ich auf Millie. „Sie glaubt, dass ich nicht gut genug bin, um Merlin auf dem Ausritt zu reiten!", platzte ich heraus.

„Das habe ich nicht gesagt!", rief Millie.

„Aber du hast nicht zu mir gehalten, als Jana das eben behauptet hat!", schoss ich zurück. Ich wusste nicht genau, warum ich so sauer auf sie war. Ich war einfach fuchsteufelswild.

„Tja, um ehrlich zu sein, ich mache mir tatsächlich etwas Sorgen um dich", gab Millie zu. „Dieser Picknick-Ausritt ist etwas anderes als der Strandritt, Marie, wo es einfach geradeaus ging und du vor dich hintüdeln konntest."

„Hah! Ich tüdel nicht vor mich hin!",
schrie ich.

„Okay, 'tschuldigung, das war das
falsche Wort", sagte Millie. „Ich will bloß
sagen, dass es schwieriger wird. Wir
müssen unterwegs Tore öffnen, und du
musst aufpassen, dass Merlin nicht hin-
durchprescht. Außerdem musst du ihn im
Galopp gut unter Kontrolle haben, sonst
landest du am Ende in einer Hecke. Es
könnte auch sein, dass Kühe auftauchen.
Dann musst du ruhig bleiben, weil Merlin
sonst nervös wird und ..."

Vielleicht war das, was Millie sagte, gut
gemeint, aber ich verstand nur: „Du bist
nicht gut genug, Merlin zu reiten, und
übrigens, du bist nicht gut genug, Merlin
zu reiten, und, oh, habe ich schon gesagt,

dass du nicht gut genug bist, um Merlin zu reiten?"

„Was meinst du, Gabrielle?", fragte ich.

Gabrielle wurde knallrot und sah auf ihre Füße. „Na ja, ich denke, du solltest auf Millie hören", murmelte sie. „Ich meine, sie hat schon viele Ausritte gemacht und …"

„Ist Millie etwa meine Reitlehrerin?", rief ich. „Wenn Sally und Josie beide glauben, dass ich das schaffe, dann sollte Millie das auch tun, oder? Nur weil sie ein eigenes Pony hat und auf einem Reiterhof lebt, heißt das nicht, dass sie alles besser weiß!"

Millie starrte mich an und sah aus, als wollte sie zurückbrüllen. Aber dann wandte sie sich an Gabrielle. „Du weißt doch, dass ich das nur sage, weil sie meine Freundin ist, oder?"

Da wurde auch Gabrielle sauer. „Keine Ahnung!", schrie sie. „Ich wollte nur Schokokekse und jetzt stehe ich hier zwischen euch! Ich gehe rüber zu Cora, Carla und Tamara und unterhalte mich lieber mit ihnen!"

Mit diesen Worten marschierte sie davon. Millie und ich starrten uns an, dann stand Millie auf und ging ins Haus. In diesem Moment entdeckte ich Jana, die mich mit einem selbstgefälligen Lächeln ansah – sie hatte die ganze Sache beobachtet.

Gabrielle redet also nicht mehr mit Millie und mir und wir beide gehen uns aus dem Weg. Ich bin immer noch ziemlich durcheinander deswegen. Ich kann nicht glauben, dass meine Freundinnen so gemein sein können. Aber ich werde auf keinen Fall zu einer von ihnen gehen und mich entschuldigen. Es ist schließlich ihr Fehler, dass wir uns verkracht haben, nicht meiner.

gemeine Freundinnen

Ich weiß, Jana beobachtet mich immer noch, wie ich hier so allein rumsitze. Also tue ich so, als würde ich mich ganz auf meine Plätzchen konzentrieren. Ich will nicht, dass sie wieder dieses „Was-glotzt-

du-so?"-Gesicht macht. Ich werde einfach
Marie die Mutige sein, einen wunderschönen Picknick-Ausritt mit Merlin haben
und allen beweisen, dass sie falsch
liegen – jawohl!

Marie, die Mutige

Heckenalarm!

Gerade haben wir zu Abend gegessen und jetzt gucken wir zusammen im Wohnzimmer den Film *Spirit*. Dazu gibt es leckere heiße Schokolade und Popcorn. Ich habe die DVD zu Hause schon ungefähr 23-mal geschaut, aber ich finde den Film immer wieder toll. Eigentlich waren Schwimmen und ein Grillabend für heute geplant, draußen tobt aber ein Gewitter, deshalb können wir nicht in den Pool. Heimlich bin ich froh darüber, denn ich bin ganz schön müde von dem Picknick-Ausritt. Unterwegs sind nämlich eine Menge aufregender Dinge passiert.

Also, hier ist die Geschichte von … der mutigen Marie!

Mit Sally an der Spitze brachen wir zu unserem Picknick-Ausritt auf. Jan kümmerte sich um die Nachhut und sicherte uns von hinten. Wir mussten nämlich zuerst ein Stück die Straße hinunterreiten, bevor wir auf einen Feldweg abbogen. Dabei konnten wir gleich die Sicherheitsregeln im Straßenverkehr üben, die wir heute Morgen in der Theoriestunde gelernt hatten: wenn möglich auf dem Randstreifen reiten, als Gruppe zusammenbleiben und sich bei Autofahrern bedanken, die Rücksicht nehmen und langsam vorbeifahren.

Außerdem hatten wir alle diese grell-
gelben Westen über unseren Jacken,
damit wir gut zu erkennen waren.

Zuerst war ich nervös. Nach dem, was
Jana gesagt hatte, wollte ich nicht, dass
auch nur die kleinste Sache schiefging.
Aber dann entspannte ich mich, denn es
war toll, Merlin draußen im Gelände zu
reiten. Und er hörte wirklich gut auf mich.
Aber ich war traurig, dass Millie, Gabrielle
und ich immer noch nicht miteinander
sprachen. Millie ritt hinten und unterhielt
sich mit ihrem Vater und Gabrielle hatte
sich den jüngeren Mädchen angeschlos-
sen. Mir war nicht danach, mit Katja und
Katrin zu reden, denn die mürrische Jana
war bei ihnen. Also musste ich alleine
reiten.

Ich, ganz allein

Sally hat das wohl bemerkt, denn sie rief mir zu, dass ich nach vorne traben solle. Anders als beim letzten Mal, als ich zu aufgeregt war, um irgendetwas zu sagen, haben wir uns diesmal gut unterhalten. Sie sagte, sie wäre wirklich stolz auf mich, weil ich mir mit Merlin solche Mühe gab. Und sie meinte auch, dass sie deutliche Fortschritte sehen könnte. Ich bedankte mich und sagte, dass mir ihre

Jacke gefiel, denn ich wollte auch nett zu ihr sein. Nach einer Weile hörten wir auf zu reden. Es war schön, einfach nur nebeneinanderher zu reiten. Als wir zwischendurch trabten, wurde Merlin etwas übermütig. Aber ich erinnerte mich daran, dass ich ihn mit halben Paraden wieder beruhigen konnte.

Auf einem grasbewachsenen Hügel lagen ein paar heruntergefallene Äste und kleine Büsche wuchsen dort auch. Sally ließ die älteren Mädchen, Millie und Carla einmal darüberspringen. Ich bin mit Merlin sogar über einen Baumstamm gehüpft! Als Sally meinte, wir hätten bald den Picknick-Platz erreicht, konnte ich es kaum glauben. Mir kam es vor, als wären wir gerade erst aufgebrochen, aber da meine Beine allmählich etwas wehtaten, mussten wir doch schon länger unterwegs gewesen sein.

Am Rand eines Maisfelds führte ein leicht ansteigender Weg entlang. Sally erlaubte uns, bis oben zu galoppieren. Es war fantastisch, den Berg hochzufliegen und um sich herum die trommelnden Hufe zu hören. Aber plötzlich wurde Merlin schneller und schneller! Als wir die restliche Gruppe überholt hatten, geriet ich in Panik und verlor meinen linken Steigbügel. Ich versuchte verzweifelt, ihn zurückzuangeln und dachte gleichzeitig: „Hilfe!"

Für ein paar Sekunden vergaß ich alles, was ich jemals übers Reiten gelernt hatte. Meine Hände ruckten überallhin, ich hüpfte im Sattel auf und ab und klammerte mich in Merlins Mähne, als ginge es um mein Leben. Dann bekam ich endlich wieder Luft und schaffte es, mich im Sattel aufzurichten. Ich griff nach den Zügeln, zog scharf daran und rief „Haalt!", aber Merlin hörte nicht auf mich. Nicht wieder in Panik zu geraten war sehr schwierig, aber dann konzentrierte ich mich darauf, meinen Steigbügel zurück-zubekommen. Nach ein paar Versuchen erwischte ich ihn. Ich warf einen Blick zurück und sah, dass die anderen meilenweit hinter mir waren.

Während ich nach dem Steigbügel geangelt hatte, war Merlin vom Weg abgeschwenkt und galoppierte jetzt quer über das Feld. Plötzlich ragte die

Heckenabgrenzung zum nächsten Feld bedrohlich vor mir auf. Es war hundertmal furchterregender, als auf den Rand des Reitplatzes zuzugaloppieren. Ich hatte keine Ahnung, wie ich Merlin bei dieser Geschwindigkeit anhalten sollte!

Dann sprang er einfach über die Hecke und galoppierte weiter! Ich lehnte mich zurück, zog mit aller Kraft an den Zügeln

Merlin und ich –
ganz schön schnell!

Die riesige Hecke!

und rief so laut ich konnte „Halt!", aber er hielt immer noch nicht an. Alles geschah blitzschnell und ich hatte kaum Zeit zum Nachdenken.

Dann hörte ich hinter mir jemanden herangaloppieren – es waren Sally und Millie. Sally rief immer wieder: „Wende ihn ab, wende ihn ab!" Ich versuchte es, aber es klappte nicht. Da tauchte die nächste Hecke vor mir auf. „Marie, wende ihn sofort!", rief Sally. „Ich weiß, dass du das kannst!"

Aber ich war total in Panik und dachte nur „Ich kann nicht, ich kann nicht!", als Millie schrie: „Auf der anderen Seite der Hecke ist eine Straße!"

Mit einem Schlag wusste ich, was ich zu tun hatte. *Ich* war die Reiterin und *ich*

trug die Verantwortung. Ich durfte Merlin nicht in Gefahr bringen!

„Komm schon, ich weiß, dass du es kannst!", rief Millie.

Plötzlich erinnerte ich mich an die Sachen, die Josie gesagt hatte, als wir Zirkel und Wendungen übten. Ich setzte mich aufrecht hin, atmete tief durch, zog am rechten Zügel und presste mein linkes Bein an. Die Hecke war jetzt sehr nah, und ich hätte am liebsten einfach die Augen geschlossen und das Beste gehofft. Aber ich wusste, ich durfte nicht aufgeben. Ich forderte Merlin immer wieder auf, abzudrehen. „Komm schon, Merlin!", schrie ich. „Wir sind ein Team! Wende für mich!" Die Hecke kam näher und näher und dann … wendete er ab!

So scharf, dass ich wieder meinen Steigbügel verlor, aber das war mir egal.

„Jetzt reite ihn weiter im Kreis!", rief
Sally. „Und gib halbe Paraden. Das wird
ihn langsamer machen!"

Auch wenn es sich anfühlte, als würden
meine Schultern aus ihren Gelenken
gezogen, lenkte ich Merlin auf eine Zirkel-
linie. Wir rasten Runde um Runde im
Kreis, und es schien, als würde es ewig
so weitergehen.

Als ich schon so erschöpft war, dass
ich mich kaum noch oben halten konnte,
wurde Merlin langsamer. Er fiel in Trab
und hielt dann endlich an. Ich ließ die
Zügel durch die Finger rutschen, und
sofort senkte er den Kopf und begann zu
grasen, als wäre nichts geschehen.

Da bemerkte ich den Rest der Gruppe, die anderen hatten alles gesehen!

Ich traute mich kaum, Sally anzuschauen. Sie war bestimmt wütend auf mich. Aber statt zu schimpfen, sagte sie: „Oh, Marie, das war wirklich beeindruckend!"

Ich muss sie ziemlich verwirrt angesehen haben, denn sie fügte hinzu: „Ich meine, wie du einen klaren Kopf behalten und ihn unter Kontrolle gebracht hast! Es ist eine tolle Leistung gewesen, oben zu bleiben. Noch dazu hast du es geschafft, ihn zu bremsen, bevor er über die zweite Hecke springen konnte."

„Glaubst du wirklich, er wäre gesprungen und auf die Straße gelaufen?", fragte ich.

Sally lachte. „Oh nein, das glaube ich

nicht. Diese hier ist viel höher als die erste Hecke. Aber bei unserem Merlin weiß man nie. Ich bin auf jeden Fall sehr froh, dass du ihn im Griff hattest und wir es nicht herausfinden mussten!"

„Okay, lasst uns zu den anderen zurückreiten", meinte sie dann. „Dieser Weg hier war ja gar nicht eingeplant."

Sie bedeutete uns, ihr zu folgen, dann wendete sie und trabte los.

Millie und ich sahen uns an und fingen gleichzeitig an zu reden. Ich sagte: „Du hattest recht, ich komme mit Merlin hier draußen nicht zurecht", und Millie sagte: „Du warst großartig. Du bist wirklich gut mit ihm zurechtgekommen. Es tut mir leid."

Dann lenkten wir unsere Ponys dicht

nebeneinander und umarmten uns zur Versöhnung. Das war ziemlich lustig, denn wir mussten uns dafür ganz weit aus dem Sattel lehnen. „Kommt, ihr zwei, hört auf herumzualbern. Ein Picknick wartet auf uns!", rief Sally. Als wir zurück bei der Gruppe waren, wollte Gabrielle sich auch wieder mit uns vertragen. Jetzt sind wir drei also wieder Freundinnen.

Wieder beste Freundinnen!

Josie hatte die Picknicksachen mit dem Auto zu einer schönen Wiese gebracht. Als wir dort ankamen, war schon alles

ausgebreitet und aufgetischt. Die anderen
stürzten sich auf Josie und berichteten,
wie mutig ich gewesen war. Sie erzählten
ihr immer wildere Versionen von dem,
was geschehen war. Es hörte sich an, als
hätte Merlin gebockt, wäre gestiegen und
halb über die Hecke gesprungen und ich
hätte ihn mal eben mit dem kleinen Finger
unter Kontrolle gebracht.

Da sagte Jana ganz laut zu Katrin: „Sie
wollte doch bloß angeben und hat ihn
absichtlich im Galopp losrennen lassen.
Es ist ein Wunder, dass sie oben geblieben ist. Sie kommt ja nicht mal auf dem
Reitplatz mit ihm zurecht, ganz zu
schweigen von hier draußen!“

Alle drehten sich um und sahen mich
an. „Das ist nicht wahr“, fing Gabrielle an,

aber ich war so wütend, dass ich mich, ohne nachzudenken, selbst verteidigte.

„Natürlich habe ich ihn das *nicht* mit Absicht machen lassen!", rief ich. „Anders als du, als du den armen Taifun gezwungen hast, ins Wasser zu laufen. Und ich bin wenigstens sogar im Galopp oben geblieben, während du im Trab runtergefallen bist!"

Alle lachten, als sie sich daran erinnerten, was Jana am Strand passiert war. Wir starrten uns böse an. Ich fragte mich, was für schreckliche Sachen sie als Nächstes sagen würde. Aber Jana blickte weg. Ich dachte: „Wahnsinn, ich habe mich ganz allein verteidigt! Vielleicht kann ich auch bei Problemen mit Menschen die mutige Marie sein, nicht nur bei Ponys!"

Als Josie mir mein Ei, mein belegtes Brötchen und Chips gab, zwinkerte sie mir zu, und ich zwinkerte zurück. Wir beide kannten das Geheimnis, warum ich Merlin abwenden und auf einem Zirkel halten konnte!

Der letzte Tag

Am Ende haben wir doch noch eine Mitternachtsparty gemacht! Millie erzählte uns die Geschichte vom kopflosen Reiter. Am Schluss rief Millie ganz laut „Buh!", worauf wir vor Schreck hochsprangen und schrien. Danach mussten wir ganz schnell so tun, als ob wir schliefen, denn Josie hatte den Krach gehört und kam die Treppe hoch, um nach uns zu sehen. Aber als sie wieder weg war, sind wir wieder aufgestanden, haben die Erdbeerschnüre gegessen und uns flüsternd unterhalten.

Heute Morgen nach dem Frühstück mussten wir schon unsere Sachen

packen, damit wir direkt nach den Reiterspielen startklar für die Heimfahrt sind.
Die Eltern kommen alle, um uns anzu-
feuern. Ich bin so aufgeregt! Ich
werde mein Bestes geben, um
eine Schleife zu gewinnen.

Ich mache mir etwas Sorgen wegen
Jana. Seit ich mich gegen sie gewehrt
habe, hat sie nicht mehr mit mir geredet
oder mich auch nur angesehen. Was ist,
wenn sie bei den Reiterspielen irgendwas
Gemeines macht? Wenn sie zum Beispiel
ihre pinkfarbene Jacke offen flattern lässt,
um Merlin zu erschrecken oder mein Ei
beim Eierlöffel-Rennen gegen ein unge-
kochtes austauscht, sodass ich mich total
bekleckere?

Wahrscheinlich geht gerade meine

Fantasie mit mir durch – aber trotzdem,
ich wünschte, ich könnte ihre Gedanken
lesen.

In einer Viertelstunde beginnen die
Reiterspiele und Merlin sieht so schick
aus! Nach dem Mittagessen haben wir mit
den Vorbereitungen für die große Schau
angefangen. Das hat total viel Spaß
gemacht. Wir haben die Ponys im Hof
angebunden, sodass wir sie in der Sonne
putzen konnten. Ich habe keinen einzigen
Gedanken daran verschwendet, was
Jana gerade macht oder ob sie sich eine
Gemeinheit ausdenkt. Ich war viel zu
sehr damit beschäftigt, mich auf die
Reiterspiele vorzubereiten.

Das habe ich alles gemacht:

1. Zuerst holten wir alle unser Sattelzeug raus, ich legte meines draußen auf eine Bank und reinigte und polierte es.

 2. Ich putzte Merlin sehr gründlich und säuberte sogar sein Hinterteil mit einem speziellen Schwamm!

3. Ich rieb sein Fell mit einem Tuch und sprühte Glanzspray darauf, bis es schimmerte wie Gold.

4. Ich bürstete seine Mähne, bis sie weich und glänzend war.

5. Ich versuchte, seinen Schweif mit bunten Bändern einzuflechten, aber das klappte nicht. Lydia zeigte mir, wie ich stattdessen einzelne Bänder außen herumbinden konnte, und das sah auch sehr hübsch aus.

6. Ich lieh mir Millies Huföl,  um Merlins Hufe zum Glänzen zu bringen.

Gabrielle borgte mir ein paar Glitzerperlen. Aber als ich sie aufkleben wollte, beugte sich Merlin zu meinem Ohr herunter. Ich wusste, er versuchte mir zu sagen, dass er nicht wie ein Pony-Mädchen aussehen wollte! Also gab ich Gabrielle die Perlen zurück. Merlin sieht sowieso ohne Schnickschnack am schönsten aus.

7. Ich zog meine letzten sauberen Reitklamotten an, die ich extra für die Reiterspiele aufgehoben hatte. Gabrielle machte mir einen Pferdeschwanz und wickelte passend zu Merlins Schweif Bänder drum herum.

Selbst wenn ich keins der Rennen gewinne – vielleicht kriegen wir ja einen Preis im Schönheitswettbewerb. Merlin hätte es auf jeden Fall verdient. Ich finde, er ist das hübscheste Pony der Welt!

Überraschung!

Todschick sahen wir alle aus, als wir mit den Vorbereitungen für die Reiterspiele fertig waren. Wir machten gegenseitig Fotos von uns. Jetzt habe ich ganz viele Bilder von Merlin und mir als Andenken, und auch einige tolle von Millie, Gabrielle und mir. Dann machte Josie nacheinander mit unseren Kameras ein paar Bilder von der ganzen Gruppe, also mussten wir Ewigkeiten immer nur lächeln. Danach – oh, ich kann das einfach nicht der Reihe nach erzählen! Ich muss die besten Sachen jetzt sofort loswerden!

Merlin und ich haben zwei Schleifen bekommen! Wir haben den dritten Preis

beim Schönheitswett-
bewerb gewonnen und
außerdem … den ersten
Platz im Slalomrennen!

Alles, was Sally und Josie mir
über Zirkel und Wendungen beigebracht
haben, war für das Hütchenumrunden
sehr nützlich. Dazu kam natürlich noch
die ungewollte Übung vom Picknick-
Ausritt! Ich lag Kopf an Kopf mit Jana, es
war wirklich knapp. Bevor ich die mutige
Marie wurde, hätte ich sie wahrscheinlich
gewinnen lassen, bloß damit sie mich
mag. Aber so was mache ich nicht mehr!
Ich trieb Merlin mit Beinen und Stimme
vorwärts. Er schien meine Entschlossen-
heit zu spüren und erhöhte die Geschwindigkeit. Ich konnte es kaum fassen, als

ich vor allen anderen über die Ziellinie
galoppierte.

Millie und Gabrielle, Mama und Papa,
Josie und Sally hatten mich wie verrückt
angefeuert. Ich war so glücklich, dass ich
mich nicht mal fragte, ob Jana sich wohl
über meinen Sieg ärgerte.

Auch bei den anderen
Spielen hatten wir jede
Menge Spaß. Es machte
mir nicht das kleinste
bisschen aus, dass
Merlin im Eierlöffel-Rennen
ein paar aufgeregte Hüpfer machte und
mein Ei davonflog.

Im Wettspringen kam ich bis in die
vierte Runde, bevor ich das Hindernis
riss.

„Oh Marie, du kannst doch viel höher springen!", rief Sally. Alle, die auf dem Picknick-Ritt dabei gewesen waren, lachten. Aber ich wusste, dass sie nur Spaß machte. Ich war sehr zufrieden, so weit gekommen zu sein. Wenn ich zurück in meiner Reitschule bin, werde ich auf jeden Fall Springen üben.

Als ich bei der Preisverleihung für das Slalomrennen auf das Podest stieg, übergab Sally mir die Schleife. „Für dieses Rennen muss man schnell und kontrolliert reiten können. Das könnt ihr beiden jetzt. Gut gemacht!" Sie schüttelte meine Hand. Mama klatschte begeistert und Papa machte pausenlos Bilder mit seiner Kamera.

Obwohl Mama später sagte, dass ihr beim Zugucken das Herz in die Hose gerutscht war, war sie sehr stolz darauf, wie selbstbewusst ich geworden bin. Ich wollte ihr erzählen, was beim Picknick-Ausritt passiert ist, aber dann habe ich beschlossen abzuwarten, für heute hat sie genug Aufregung gehabt. Im Auto wartete dann noch ein Geschenk auf

mich – die Minichaps mit dem Tarnmuster! Ich umarmte Mama ganz fest. „Woher wusstest du denn, dass ich ein Rennen gewinnen würde?", fragte ich erstaunt.

Mama lachte. „Die sind nicht fürs Gewinnen, Marie", sagte sie. „Die sind dafür, dass du dich getraut hast, ganz allein in die Ferien zu fahren!"

Da erst kapierte ich, dass ich von Anfang an mutig gewesen war – zumindest
ein bisschen. Ich war hierhergekommen,
ohne jemanden zu kennen. Ich hatte
neue Freunde gefunden und neue
Sachen wie den Strandritt und Gurken-
brötchen ausprobiert.

Die mutige Marie war die ganze Zeit
in mir drin versteckt gewesen!

Als ich zum Haus lief, um meine
Sachen zu holen, kam Jana auf mich zu.
Ich fürchtete, dass sie etwas Gemeines
sagen würde, aber sie streckte nur ihre
Hand aus. Ohne nachzudenken, tat ich
dasselbe, und wir schüttelten uns die
Hände. „Entschuldige, dass ich so
komisch zu dir war", sagte Jana. „Du
warst wirklich klasse beim Slalomrennen."

„Schon in Ordnung", murmelte ich. „Du warst klasse beim Apfelschnappen."

Ich habe keine Ahnung, warum sie ihre Meinung über mich geändert hat. Vielleicht hat sie gemerkt, dass es mir mittlerweile egal ist, was sie über mich denkt. Vielleicht wollte sie auch nur meine neuen Minichaps anprobieren.

Wir verabschiedeten uns mit vielen Umarmungen voneinander. Millie, Gabrielle und ich tauschten Adressen aus und versprachen, uns zu schreiben. Dann

musste ich mich von demjenigen verabschieden, den ich am meisten vermissen
werde – meinen Merlin.

Während die Eltern mit Josie und Sally
Tee tranken, beaufsichtigten Lydia und
Jan uns im Hof. Ich führte Merlin zurück
zu seiner Box, sattelte ihn ab und löste
die Bänder aus seinem Schweif. Ich verbrachte eine Ewigkeit damit, sie loszubin-
den, damit wir noch möglichst viel Zeit
zusammen hatten. Während ich um ihn
herumwuselte, flüsterte ich ihm zu, dass
ich ihn niemals vergessen würde, auch
wenn ich in meinem Leben noch ungefähr
zweiundzwanzig andere Ponys reiten
sollte. Er wird für immer mein Lieblingspony sein. Merlin stupste seine Nase in
meinen Nacken, als wollte er sagen:

„Auch wenn ich auf dem Reiterhof jede Woche von einem anderen Mädchen geritten werde, wirst du immer meine Lieblingsreiterin sein!"

Schließlich hörte ich Papa nach mir rufen. Ich umarmte Merlin ein letztes Mal. Ich war traurig, aber vor allem auch glücklich, dass ich ihn kennengelernt hatte und dass er mir beigebracht hatte, mutig zu sein. Auch wenn meine Woche auf dem

Ponyhof vorbei ist – die Erinnerungen daran werde ich für immer behalten!

Wenn ich nächste Woche in meine alte Reitschule gehe, will ich weiterhin Marie die Mutige sein. Ich werde fragen, ob ich Tänzer oder sogar den superschnellen Charlie reiten darf. Okay, vielleicht bin ich für *ihn* wirklich noch nicht bereit, aber eins ist sicher – keine langsamen, gemütlichen Ponys mehr!

Ponyhof Liliengrün

Paula und Prinz

Liebe Ponyfreundin,

ich heiße Millie und wohne mit meiner
Familie auf dem Ponyhof Liliengrün.
Hier leben meine Eltern, Josie und Jan,
mein Bruder Tommy, viele Hunde und
natürlich die Ponys!
Unsere Reitlehrerin Sally ist sehr nett
und wird dafür sorgen, dass die Woche ein
voller Erfolg für Dich wird. Wenn Du etwas
nicht weißt oder nicht verstehst, frag einfach
nach. Wir sind da, um zu helfen, sagt Sally
immer. Ich will natürlich auch, dass Dir

der Reiterurlaub Spaß macht – also keine
falsche Bescheidenheit!

Das Beste ist, dass Du ein eigenes Pony
bekommen wirst, das Du auch selbst ver-
sorgen darfst. Die Ponys können es kaum
erwarten, Dich endlich kennenzulernen
und Spaß mit Dir zu haben!

Außerdem werden wir noch etwas ganz
Besonderes machen – einen Ausflug zu
Bobs Western-Ranch! Diese Ferien wirst
Du bestimmt nie vergessen!

Alle vom Ponyhof Liliengrün wünschen
Dir eine schöne Zeit!

Bis bald,
Deine Millie

Auf dem Ponyhof!

Ich freue mich so, dass ich hier bin. Der Ponyhof gefällt mir sehr! Ich bin richtig aufgeregt, weil ich das erste Mal seit Wochen wieder reiten werde. Als wir hier ankamen, habe ich eine Koppel mit ganz vielen niedlichen Ponys gesehen. Natürlich habe ich sofort versucht zu erraten, welches meins sein wird! Aber gleichzeitig bin ich auch ziemlich nervös. Ob ich mich überhaupt traue aufzusteigen?

Vor zwei Monaten bin ich nämlich gestürzt. In meiner Reitschule war ein Springturnier veranstaltet worden, bei dem ich mit meinem Lieblingspony Pepper im E-Springen gestartet bin. Ich wollte unbedingt gewinnen. Die erste Runde schafften wir ohne Abwurf. Aber in der zweiten Runde verschätzte ich mich, wir sprangen vor der Kombination zu früh ab. Pepper riss das Hindernis und ich flog aus dem Sattel, prallte gegen den

 Hindernisständer und landete auf meinem Arm. Als ich aufstand, war er ganz komisch abgewinkelt – der Arm war gebrochen! Eigentlich hätte es sehr wehtun müssen, aber in dem Moment spürte ich gar nichts. Meine Mama meinte, das war wahrscheinlich wegen des Schocks. Später hatte ich aber schreckliche Schmerzen. Zwei Erste-Hilfe-Leute legten mir eine Schlinge um den Arm

und führten mich vom Reitplatz, dann fuhr
Mama mich zur Notaufnahme. Natürlich
bin ich an diesem Tag nicht mehr geritten.
Und es dauerte sechs Wochen, bis mein
Arm verheilt war.

Aber der Sturz ist eigentlich nicht
das Problem – es ist das Vertrauen
in mein Reitkönnen, das ziemlich
angeknackst ist. Letzte Woche wollte ich
in meinem Stall eine Reitstunde nehmen,
um mich langsam wieder ans Reiten zu
gewöhnen. Aber ich schaffte es nicht
mal aufzusteigen. Es ging einfach nicht.
Es war furchtbar, weil alle Helfer, meine
Reitlehrerin und Mama dastanden und
ermutigend auf mich einredeten, aber
mir war ganz schwindelig und komisch.
Schließlich bin ich aufs Klo gerannt

und habe so getan, als ob mir schlecht geworden wäre. Ich bin ewig dort hocken geblieben, bis Mama an die Tür klopfte und mich nach Hause brachte.

Ich kann kaum glauben, dass ich jetzt hier auf einer Bank draußen vor dem Büro von Ponyhof Liliengrün sitze. Der Hof wird an drei Seiten von Stallgebäuden eingerahmt und ein wunderschönes Kaltblut-Pferd sieht aus seiner Box zu mir herüber. Es ist wirklich toll hier. Es gibt einen Swimmingpool und außerdem zwei süße schwarze Labradore,  Viola und Cello, die mich bei meiner Ankunft von oben bis unten abgeschleckt haben. Auch wenn ich mich diese Woche nicht traue zu reiten, werde ich trotzdem meinen Spaß haben: Ich kann auf dem Hof helfen, mit den Hunden spielen und schwimmen gehen. Und vielleicht hilft mir ja *mein* Pony, dass ich mich wieder in den Sattel wage!

Ich weiß, ich sollte nicht lauschen, aber ich will unbedingt hören, was im Büro gesprochen wird. Mama hat gesagt, sie will mit Sally und Josie über mein verlorenes Selbstvertrauen reden. Es ist mir peinlich, dass sie es ihnen erzählt, aber irgendwie bin ich auch erleichtert. Wenn die beiden es wissen, können sie mir bestimmt besser helfen. Aber – uh! – mir kommt gerade ein schrecklicher Gedanke. Was ist, wenn sie zu Mama „Ja, ja, wir verstehen" sagen, und später,

wenn sie weg ist, mit mir schimpfen, weil
ich Angst kriege oder so? Und was ist,
wenn ich einfach nicht wieder aufsteigen
kann und alle anderen Mädchen mich
auslachen?

Ach, es ist wirklich zu blöd, dass das
passiert ist. Ich wünschte, ich könnte
es mit einem *Schnipp!* ungeschehen
machen.

Zum Glück weiß niemand, wie gut ich
vor meinem Sturz geritten bin. Es ist
verrückt, wenn ich daran denke, dass ich
 zu Hause einen Haufen
Schleifen von Spring-
turnieren, Dressurprüfungen und Reiterspielen habe. Ich hatte vor nichts Angst!

Aber das werde ich auf keinen Fall
irgendjemandem erzählen, denn dann

erwarten alle, dass ich fantastisch reite. Dabei wäre ich im Moment schon glücklich, wenn ich wenigstens auf einem Pony *sitzen* könnte!

Lydia hat mich gerade gefragt, ob ich ihr helfen will, die riesigen Hufe von dem Kaltblut auszukratzen. Wenn jeder hier so nett ist wie sie, wird es schon klappen. Okay, Schluss mit der Angst. Ich finde, Liliengrün ist der perfekte Ort, um wieder mit dem Reiten anzufangen. Ich werde auf ein Pony steigen – und zwar heute noch!

Nur nichts verraten

Als Mama mit den anderen aus dem
Büro kam, sah Sally, dass ich beim Hufe-
auskratzen mithalf und lächelte mich an.
„Keine Sorge, Paula, wir werden dir
wieder in den Sattel helfen", sagte sie.
Sie ist also auch nett – puh! Ich bat sie,
niemandem zu erzählen, dass ich
gestürzt war und jetzt so nervös bin. Sie
versprach es – Gott sei Dank! Ich will
nicht, dass irgendjemand Mitleid mit mir
hat.

Dann kamen nacheinander die anderen
Mädchen an. Meine Mitbewohnerin heißt
Jennifer. Sie hat halblange spekulatius-
braune Haare mit abstehenden Spitzen.

Ihr Koffer ist riesig, ich glaube, sie hat alles mitgebracht, was sie besitzt! Das Zimmer ist eigentlich Millies Zimmer und ich finde es wirklich sehr nett von ihr, dass sie es mit uns teilt. Millies Bett steht am Fenster, Jennifer und ich schlafen in dem Stockbett gegenüber. Ich sagte, es sei mir egal, welches Bett ich kriege, also hat Jennifer sich das obere ausgesucht.

Eigentlich hätte ich das auch gerne gehabt, aber Freundschaft schließen ist wichtiger!

Beide scheinen sehr nett zu sein, vor

allem Millie. Aber es könnte ziemlich schwierig werden, meinen Sturz vor ihnen geheim zu halten.

Während wir auspackten, warf ich Millie immer wieder einen Blick zu. Ich hatte das Gefühl, als würde ich sie kennen. Und plötzlich wusste ich auch, woher. Wir hatten beide am gleichen Springturnier teilgenommen – und ich hatte sie geschlagen! In der Sekunde, als mir das klar wurde, hoffte ich inständig, sie würde mich nicht wiedererkennen. Aber kurz darauf fragte sie: „Haben wir uns nicht schon mal gesehen, Paula?"

Normalerweise lüge ich nicht. Aber ich wusste einfach nicht, was ich tun sollte. „Ähm, nein, ich glaube nicht", hörte ich mich sagen.

„Hm, dann musst du irgendwo eine Doppelgängerin haben, die mich und Tally bei dem Turnier in Krehkern geschlagen hat", sagte Millie.

Ich versuchte, ein überraschtes Gesicht zu machen. „Echt? Das ist ja unheimlich!"

Zum Glück wurden wir von Jennifer unterbrochen, die uns alles über ihr letztes Springturnier erzählte. Es klang erstaunlich – ehrlich gesagt fast zu erstaunlich, um wahr zu sein. Dann behauptete sie, sie könne beim Dressurreiten auf der Stelle im Kreis galoppieren, aber Millie rief sofort: „Nie im Leben! Das schaffst du nicht, selbst wenn du wirklich gut bist. Dafür musst du ein erwachsener Profireiter mit einem speziell ausgebildeten Pferd sein!"

Jennifer sah etwas verlegen aus. „Na gut, genau genommen habe ich's noch nicht ausprobiert, aber ich habe in meinem Pferdebuch darüber gelesen. Ich glaube, mit ein bisschen Übung könnte ich es hinkriegen", murmelte sie.

„Ja, klar!", sagte Millie spöttisch. Als echter Ponyprofi erkennt sie jede Flunkerei drei Meilen gegen den Wind. Ich hoffe, sie erkennt meine nicht!

Jennifer war danach etwas beleidigt. Sie drehte sich zu mir um. „Und, was hast du bisher so gemacht?", fragte sie herausfordernd.

Ich geriet in Panik. „Ach, du weißt schon, das Übliche." Um sie abzulenken, fügte ich schnell hinzu: „Dein Pulli ist toll."

Doch Jennifer ließ sich nicht abwimmeln. „Aber was denn genau?"

Ich wurde knallrot, so wie im Matheunterricht, wenn ich vor mich hingeträumt hatte und Herr Rainer mir eine Frage stellte. Ich packte weiter meine Tasche aus. „Ähm, Schritt und Trab, etwas Galopp und ein bisschen Springen", murmelte ich.

$16\% \text{ von } 100 = ?$
$3/4 + 1/2 = ?$
$75 + 21 = ?$

„Oh", sagte sie, „also bist du ..."

„Aber nur ein ganz kleines bisschen Springen, eigentlich nur Stangenarbeit", fügte ich schnell hinzu, für den Fall, dass sie nach Höhen und Kombinationen fragen wollte.

Jennifer sah mich mit einem gelangweilten Blick an und wandte sich wieder ihrem prall gefüllten Koffer zu. Puh!

Fürs Erste bin ich davongekommen. Klar, am liebsten hätte ich die Wahrheit gesagt und gerufen: „He, ich *bin* das Mädchen vom Krehkern-Turnier. Ich bin sogar schon einen Geländeparcours gesprungen und eine Dressurprüfung mit dem Ponyclub-Team geritten!" Aber ich schwieg.

Das bin ich auf dem Krehkern-Turnier, bei dem ich Millie und Tally besiegt habe!

Oh, Josie hat nach uns gerufen, wir sollen runterkommen. Jetzt werden wir unsere Ponys kennenlernen – hurra!

Große Aufregung

Ich bin aufgestiegen! Und das nur wegen meinem wundervollen Pony!

Er heißt Prinz und ich liebe ihn schon jetzt von ganzem Herzen.

Als wir uns alle im Hof versammelt hatten, stellte Josie sich, Sally und Lydia vor. Josie und Sally geben den Reitunterricht, Lydia hilft im Stall und mit den Ponys.

Lydia

Josie

Sally

Anschließend haben wir Reiterinnen uns einander vorgestellt.

Die hübsche Amita ist ungefähr fünfzehn und teilt sich ein Zimmer mit den Freundinnen Anna und Amanda, die zusammen hierhergekommen sind. Ich glaube, sie sind dreizehn Jahre alt.

Amita

Anna

Amanda

Dann sind da Millie, Jennifer und ich ...

Millie

Ich

Jennifer

… und schließlich noch einige jüngere Mädchen: Sophie, Tina und Linda, die ihr eigenes Pony mitgebracht hat – ein graues Welshpony namens Lulu.

Sophie

Tina

Linda

Endlich sollten wir unsere Ponys kennenlernen! Als Lydia sie aus dem Stall führte, gab es jede Menge entzückte Seufzer und begeisterte Rufe, wodurch ich nur noch aufgeregter wurde.

Sally zwinkerte mir zu. „Wir haben das perfekte Pony für dich, Paula." Und da kam mein wunderschöner Prinz auf mich zu. Er ist ein kräftig gebauter Schecke mit einem supersüßen Gesicht.

Sally gab mir die Zügel. „Prinz ist geduldig und ehrlich, er wird auf dich aufpassen", meinte sie.

Ich klopfte seinen Hals und streichelte über sein weiches Maul. „Ich bin ganz schön nervös, Prinz. Seit einem schlimmen Sturz habe ich nicht mehr auf einem Pony gesessen. Du passt doch wirklich auf mich auf, oder?", flüsterte ich ihm zu.

Prinz stupste seine Nase gegen meine Hand und ich wusste genau, das hieß Ja!

Plötzlich kreischte Jennifer begeistert los. Sally ermahnte sie, sie solle sich beruhigen, sonst bekämen die Ponys Angst. Jennifer hatte eine wunderschöne Fuchsstute namens Flamme bekommen.

Sie ist ungefähr 1,40 Meter hoch und hat eine hübsche Blesse. Flamme hatte keine Lust, stehen zu bleiben und versuchte dauernd, die anderen Ponys zur Seite zu drängen.

„Flamme kann etwas schwierig sein, aber du hast ja viel Erfahrung und wirst schon mit ihr klarkommen", sagte Sally zu Jennifer.

Jennifer sah sehr stolz aus. „Kein Problem!", antwortete sie.

Als jede ihr Pony hatte, erklärte Josie, dass die Pferde heute ausnahmsweise für uns gezäumt und gesattelt worden seien. Aber ab morgen müssten wir das selbst machen. Anna und Amanda erschraken, denn in ihrer Reitschule war immer schon alles vorbereitet, wenn sie kamen. Aber Sally meinte, sie sollten sich keine Sorgen machen. Heute Nachmittag würden wir Zeit zum Üben haben. Ich bot an, jedem zu helfen, der nicht weiterkam.

„Das ist sehr nett von dir, Paula", sagte Sally. Mit lauter Stimme bot Jennifer auch ihre Hilfe an. Sie wirkte richtig sauer, als Sally statt einer Antwort nur lächelte. Jennifer ist schon nett und so, aber langsam glaube ich, dass sie gerne im Mittelpunkt steht. Na gut, das ist mir nur recht, denn *ich* will das bestimmt nicht!

Dann reihten sich alle vor dem Aufstiegshocker auf. Ich zitterte und stellte mich extra ganz hinten in die Schlange. Als ich an der Reihe war, nestelte ich an Prinz' Satteldecke herum, obwohl sie genau richtig lag. Mein Herz raste und mir war richtig übel. Ich hatte das Gefühl, als würden mich alle anstarren, aber das konnte nicht sein. Nur Josie und Sally wussten von meinem Sturz. Für einen Moment hätte ich am liebsten Prinz' Zügel losgelassen, um ins Haus zu rennen und mich unter meiner Bettdecke zu verstecken. Aber dann erinnerte ich mich daran, wie entschlossen ich vorhin gewesen war. Ich hatte mir so fest vorgenommen aufzusteigen. In diesem Moment senkte Prinz den Kopf und schnupperte an mir. Das war genau die Aufmunterung, die ich brauchte. Ich hatte ein wundervolles, freundliches Pony und ich wollte unbedingt auf ihm reiten!

Lydia kam zu mir und lächelte mich an.

„Auf geht's, Paula!", sagte sie fröhlich.
„Ich bin bei dir. Ich werde Prinz festhalten." Sie nahm die Zügel und ich kletterte
auf den Hocker. Ich fühlte mich immer
noch zittrig, aber ich musste es versuchen. Ich atmete tief durch und stellte
meinen Fuß in den Steigbügel. Dann
wippte ich ein paarmal auf und ab, und
plötzlich saß ich oben!

Das bin ich auf Prinz

„Gut gemacht!",
rief Lydia. „Alles in
Ordnung?"

Ich nickte und sie
ging, um Tina beim
Nachgurten zu helfen.

Dann passierte etwas sehr Peinliches.
Während ich noch meine Steigbügel auf
die richtige Länge einstellte, machte Prinz

ein paar Schritte vorwärts. Er wollte den anderen auf den Reitplatz folgen. Das war eigentlich nicht schlimm, aber ich geriet in Panik und schrie „Sally!", bevor ich es unterdrücken konnte.

Alle drehten sich um und starrten mich an und ich wurde knallrot. Sally kam zu mir und beruhigte mich. „Ich pass auf dich auf, und denk daran, was ich gesagt habe – du kannst Prinz immer vertrauen." Dann bat sie Lydia, mich an den Führzügel zu nehmen. Danach fühlte ich mich etwas besser, nur war es nicht so toll, dass Jennifer mich mit hochgezogenen Augenbrauen ansah.

Als ich mich an die etwas schwerfälligen Bewegungen von Prinz gewöhnt hatte und feststellte, dass er bei jedem

Schritt leicht angetrieben werden musste, begann ich mich zu entspannen. Er würde garantiert nicht mit mir quer über den Platz rasen!

Wir übten eine Weile Anreiten und Halten und alles fühlte sich ganz selbstverständlich an, so wie früher. Aber als Sally sagte, wir sollten antraben, verkrampfte ich mich total. „Bleib locker, Paula, du machst das sehr gut. Du kannst jederzeit die Zügel in eine Hand nehmen und dich mit der anderen vorne am Sattel festhalten, wenn du dich unsicher fühlst", sagte Lydia.

Ich spürte, wie Tränen in mir hochstiegen. Ich kniff die Augen zusammen, damit sie nicht herauskullerten und plötzlich tauchte vor mir mein Zimmer mit

all den Schleifen an der Wand auf. Da
beschloss ich, mich auf keinen Fall am
Sattel festzuhalten. Ich nahm die Zügel,
atmete tief durch und drückte entschlossen die Beine an. Prinz trabte brav los,
aber ich wurde ganz steif und hüpfte
im Sattel herum, mit hochgezogenen
Händen!

„Entspann dich,
Paula! Deine Beine
sagen ‚Geh!', aber
deine Hände sagen
‚Steh!'", rief Sally. Der
Reim brachte alle zum

Hier sehe ich
ziemlich blöd aus

Kichern – mich auch, und ich fühlte mich
ein winziges bisschen besser. Als ich
endlich das Leichttraben hinbekam, fühlte
es sich toll an. Ich konnte kaum glauben,

dass ich in einer Stunde so viel geschafft hatte, auch wenn ich noch geführt wurde. Sally sagte, ich könne die Führzügel heute Nachmittag weglassen. Ich muss ziemlich ängstlich geguckt haben, denn sie lachte. „Du machst das prima, Paula, aber du kannst dich natürlich auch jederzeit wieder führen lassen."

Als wir im Hof abstiegen, lobte ich Prinz überschwänglich und flüsterte in sein Ohr: „Danke, dass du mich so sicher getragen und dir so viel Mühe gegeben hast. Vielleicht schaffen wir es ja nächstes Mal ganz allein."

Prinz ist einfach wundervoll. Sally hatte recht, er ist das perfekte Pony für mich!

Der Reitunterricht

Heute Nachmittag haben wir geholfen,
die Ställe auszumisten und
die Wassereimer aufzufüllen –
es ist einfach super, wieder
auf einem Reiterhof zu sein. Dann hatten
wir unsere Unterrichtsstunde bei Josie
übers Satteln und Zäumen. Wir haben es
an Annas Pony Karuso geübt, einem
hübschen grauen Connemarapony. Als
wir über die einzelnen Teile des Sattels
gesprochen haben, konnte ich alle
Fragen beantworten. Ich wusste sogar
die schwierigen Sachen wie Vorderzwiesel
oder D-Ring, bei denen die anderen
unsicher waren.

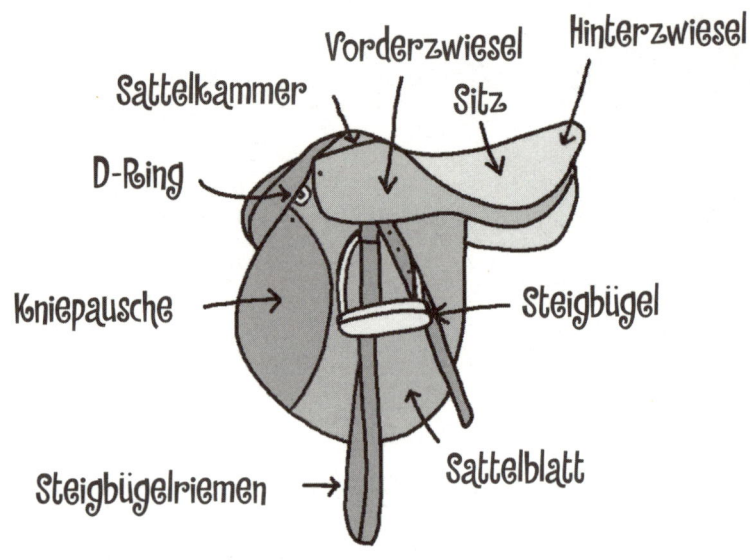

Vorderzwiesel

Hinterzwiesel

Sattelkammer

Sitz

D-Ring

Kniepausche

Steigbügel

Steigbügelriemen →

Sattelblatt

Es machte wirklich Spaß. Ich fühlte

mich wieder wie die alte Ponyspezialistin

Paula. Aber dann sagte Sophie, die

kleine Blonde, die Miro bekommen

hatte: „Mensch, Paula, für eine

Anfängerin weißt du aber eine ganze

Menge."

Ich lief rot an und mir wurde heiß.

Ich hatte nie direkt *gesagt*, dass ich

Anfängerin bin. Die anderen dachten das bloß, weil ich in der Reitstunde geführt worden war. „Tja, ähm, na ja, ich lese viele Pferdebücher", murmelte ich.

Danach nahmen wir die Teile der Trense durch, aber ich achtete darauf, nicht zu viele Fragen zu beantworten. Josie guckte immer wieder zu mir rüber, weil niemand die verschiedenen Nasen-riemen kannte, aber ich tat so, als wäre was mit meinem linken Schuh und wich ihrem Blick aus. Sie wusste, dass ich mich absichtlich zurückhielt, aber sie war sehr nett und sagte nichts.

Es war toll, Prinz ganz allein zu satteln und aufzutrensen. Es fühlte sich an, als wäre er wirklich mein eigenes Pony. Dann bat Josie mich, Tina zu helfen und ich zeigte ihr die Sache mit dem „Finger-in-die-Maulspalte-schieben", um das Gebiss ins Maul zu kriegen. Tina war etwas ängstlich. „Mit ein bisschen Übung schaffst du das schon, das ist nur ein kleiner Trick", sagte ich. Dann erinnerte ich mich daran, dass die anderen mich für eine Anfängerin hielten und fügte schnell hinzu: „Hab ich zumindest gelesen."

Als ich zu Prinz zurückging und ihn zum Aufstiegshocker führte, sah er mich an, als wolle er sagen: „Es wäre besser

gewesen, Tina und Sophie die Wahrheit über deine Reitkenntnisse zu erzählen."

„Es ist keine richtige Lüge, Prinz", flüsterte ich

ihm zu. „Ich möchte bloß nicht, dass die anderen zu viel von mir erwarten – nicht, bevor ich wieder genügend Selbstvertrauen gefasst habe."

Er schnaubte und stieß seine Nase gegen meine Hand. Er hatte mich verstanden.

Für die Nachmittagsstunde wurde ich in Gruppe A eingeteilt. Ich wusste sofort, dass dies die Anfängergruppe war, weil Millie und Amita in Gruppe B waren, genau wie Jennifer. „Ihr werdet die Ausflüge und Ausritte trotzdem zusammen machen", erklärte Sally, „aber wenn wir zwei Gruppen bilden, können wir besser auf jede einzelne Reiterin eingehen, und ihr macht größere Fortschritte."

In der Reitstunde versuchte ich mich zu entspannen, den Kopf hoch und die Hände tief zu halten. Am liebsten hätte ich nach dem Führzügel gefragt, aber stattdessen atmete ich ruhig ein und aus und trieb Prinz vorwärts. Bald fühlte ich mich viel besser. Als wir antrabten, verspannte ich mich trotzdem und meine Hände ruckten nach oben. „Paula, vertraue Prinz einfach!", rief Sally.

Ich wurde lockerer, fand den richtigen Takt und begann leichtzutraben. Wir ritten einige Zirkel und Schlangenlinien im Schritt und Trab. Dann sagte Sally, wer wolle, könne eine Galopprunde um den Platz versuchen. Ich wurde ganz blass und wusste, das würde ich nicht schaffen, schließlich war ich im Galopp vom Pferd gefallen! Sophie war sich auch nicht sicher. Sie war ja eine echte Anfängerin und hatte gerade erst das Leichttraben halbwegs hingekriegt.

„Hände hoch, wer es versuchen möchte!", rief Sally, aber Sophie und ich ließen unsere Hände entschlossen unten. Sally lächelte uns zu und sagte, das wäre vollkommen in Ordnung. Wir sollten uns mit unseren Ponys in die Mitte des Platzes stellen, damit wir den anderen zugucken konnten. Linda galoppierte mit Lulu rund um den Platz und es sah wirklich gut aus, abgesehen von einem kleinen Schlenker beim Übergang zum Trab. Und dann galoppierte Tina eine Runde um den Platz. Sie rutschte nach vorne und konnte sich gerade noch oben

halten, aber Sally lobte, sie hätte es trotzdem toll gemacht. Sophie sah mich mit
einem breiten Grinsen an. „Nächstes Mal
versuche ich es auf jeden Fall. Du auch?"

„Ähm, ja", antwortete ich. „Auf jeden
Fall." Aber um ehrlich zu sein – es sah so
schnell und furchterregend aus, dass ich
mir nicht vorstellen kann, jemals wieder
zu galoppieren. Ich bin wütend auf mich
selbst, weil ich so ein Angsthase bin –
das bin ich sonst gar nicht, aber ich kann
einfach nichts dagegen tun.

Auf dem Weg zum Stall klopfte Sally
Prinz ausgiebig und meinte, dass ich
meine Sache sehr gut machte. „Aber ich
bin noch nicht mal galoppiert", sagte ich
verdrossen.

Sally lächelte. „Es ist dein erster Tag,

Paula. Du reitest ohne Führzügel und bist schön getrabt, obwohl du gedacht hast, du könntest nicht mal aufsteigen! Es wird nicht mehr lange dauern, dann traust du dich auch wieder, schneller zu reiten. Sei nicht so hart zu dir."

Ich nickte. Als ich mit Prinz in den Hof ritt, fühlte ich mich richtig gut. Aber nicht lange, denn dann tauchte Jennifers Gruppe auf. „Wir sind ohne Steigbügel galoppiert!", rief sie. „Was habt ihr gemacht?"

Linda und Tina erzählten aufgeregt von ihrem Galopp, aber ich musste zugeben, dass ich nicht galoppiert war. Jennifer sah mich mitleidig an. „Mach dir nichts draus, Paula. Ich weiß gar nicht, ob Prinz überhaupt galoppieren kann, er ist so lahm. Es war bestimmt nicht dein Fehler."

Ich konnte nicht fassen, dass sie so etwas über mein wunderbares Pony sagte. Ich wurde richtig wütend. „Er ist nicht lahm", fauchte ich. „Er ist nur vorsichtig! Er würde es machen, wenn ich es wollte. Ich hatte heute nur keine Lust, das ist alles."

Jennifer antwortete schnippisch: „Na gut, Ent-schul-di-gung. Ich wollte nur nett sein." Beleidigt zog sie mit Flamme Richtung Stall ab.

Als sie weg war, umarmte ich Prinz und sagte ihm, er solle sie gar nicht beachten. „Du kannst nichts dafür, dass wir nicht galoppiert sind, es war meine

Entscheidung", flüsterte ich. „Du hättest es bestimmt gerne gemacht. Nächstes Mal werde ich es versuchen, versprochen!"

Jetzt *muss* ich galoppieren, weil Prinz sich so darauf freut!

Gleich beginnt unser Abendprogramm, wir werden schwimmen, juhu! Wenigstens mal was, wovor ich keine Angst habe!

Verrat!

Es war echt klasse gestern Abend im Swimmingpool! Zuerst hat Millies Vater, Jan, ein paar lustige Spiele organisiert wie Staffelschwimmen und Wasserballett. Dann durften wir allein weiterplanschen. Jennifer, Millie und ich sind nach Münzen getaucht. Jennifer kam hustend und mit leeren Händen wieder hoch. Das war lustig, denn vorher hatte sie damit geprahlt, der Kapitän von der Schwimmmannschaft in ihrer Schule zu sein. Millie kicherte und summte „Pinocchio hat 'ne lange Nase …", und ich fiel mit ein.

Jennifer lief rot an und wurde sauer. Sie fand das anscheinend gar nicht lustig, deshalb hörten wir schnell wieder auf. Insgeheim dachte ich: „Was, wenn Millie herausfindet, dass ich auch eine Lügnerin bin?" Ich fühlte mich immer noch mies, weil ich ihr weisgemacht hatte, ich wäre nicht auf dem Turnier in Krehkern gewesen.

Aber ich musste mich nicht lange schlecht fühlen. Irgendwann war Jennifer nicht mehr sauer und als das Licht aus war, erzählten wir uns flüsternd Witze und kicherten noch lange. Ich vergaß, wie blöd sich Jennifer verhalten hatte. Es fühlte sich an, als wären wir schon immer beste Freundinnen gewesen. Nachdem beide mir geschworen hatten, dass sie niemandem ein Sterbenswörtchen verraten würden, erzählte ich ihnen von meinem gebrochenen Arm und dem missglückten Reitversuch auf Pepper letzte Woche. Ich gestand, dass ich Millie sehr wohl kannte. Ich entschuldigte mich tausendmal bei ihr, aber sie lachte nur und meinte, das sei schon in Ordnung, sie würde das verstehen.

„Dann hast du also gar keine unheimliche Doppelgängerin?", alberte sie.

„Nein!", rief ich und lachte.

Jennifer glaubte anscheinend, ihr hätte ein solcher Sturz nichts ausgemacht. Dauernd sagte sie so was wie: „Du hättest gleich wieder aufsteigen müssen, Paula. Das sagt jeder. So schnell wie

möglich wieder in den Sattel. Ich hätte
das auf jeden Fall getan."

Millie meinte, dass sie gar nicht wissen
könne, was sie in so einer Situation
machen würde.
Aber Jennifer
beharrte darauf,

Steig wieder auf!

dass sie gleich wieder aufgesprungen
wäre.

„Ich hab's ja versucht", sagte ich leise.
„Ich hätte nie gedacht, dass mir so etwas
passieren könnte. Als ich noch die
Schiene am Arm hatte, hab ich mich so
aufs Reiten gefreut. Aber als es dann so
weit war ..."

Ich verstummte. Ich ärgerte mich,
weil Jennifer mich offensichtlich für
einen Feigling hielt. Plötzlich vermisste

ich Mama. Aber ich versuchte mich aufzumuntern, indem ich daran dachte, wie nett und verständnisvoll Millie war. Und indem ich mein Kuscheleinhorn Elfie an mich drückte, das ich von zu Hause mitgebracht habe.

Ich hoffte sehr, dass ich mein Versprechen halten kann, das ich Prinz wegen des Galopps gegeben habe.

Der Morgen fing gut an. Wir sollten unsere Ponys von der Weide holen und mein wundervoller Prinz kam direkt zu mir ans Tor gelaufen. Er ist so süß! Dann banden

Mein süßer Prinz

wir die Ponys im Hof an, damit Sally und Lydia uns im Blick hatten.

Während wir putzten, unterhielten wir uns und ab da ging alles schief. Plötzlich bemerkte ich, dass die anderen sich irgendein Geheimnis zuflüsterten. Ich dachte, sie würden es mir auch erzählen, aber niemand tat es.

Ich sah zu Jennifer hinüber und lächelte. Sie lächelte zurück, aber sie kam nicht, um mir etwas ins Ohr zu sagen, wie sie es gerade bei Sophie und Linda gemacht hatte. Ich ging zu Sophie hinüber, die am Wasserhahn Futtereimer sauber schrubbte. „Ich hoffe, wir können heute den Galopp probieren. Das wird bestimmt toll, meinst du nicht?", fragte ich sie.

Ich war total schockiert, als sie mich ärgerlich ansah und sagte: „Warum tust du so, als wärst du auch eine Anfängerin? Das stimmt doch gar nicht, du bist doch schon ganz oft galoppiert."

Ich starrte ihr nach, als sie über den Hof davonstürmte. Jetzt kapierte ich – sie redeten über *mich*! Jennifer hatte mein Geheimnis verraten!

In meinem Magen begann es zu grummeln und ich fühlte mich ganz komisch. Wie konnte sie bloß?

Ich ging schnell zu Jennifer hinüber. „Du hast versprochen, es niemandem zu erzählen!", sagte ich laut. Ich wusste, dass alle uns beobachteten und die Ohren aufsperrten, aber das war mir egal. Ich war viel zu aufgebracht, um mir darüber Gedanken zu machen.

„Ich wollte doch bloß helfen. Jetzt,

wo es jeder weiß, können wir dich alle unterstützen", behauptete Jennifer.

„Ach ja, danke", zischte ich, „aber darum geht es doch gar nicht. Du hast *versprochen*, nichts weiterzusagen."

Jennifer sah mich nur unwillig an und begann, Flammes Schulter zu bürsten.

 Ich war so wütend, dass ich ihr am liebsten die Bürste aus der Hand gerissen hätte.

„Ich weiß gar nicht, warum du dich so aufregst", sagte Jennifer lässig. „Übrigens, du solltest dich heute wirklich überwinden und galoppieren. Du musst dich einfach wieder trauen, schneller zu reiten, sonst verlernst du alles, wofür du so lange geübt hast. Sally ist viel zu sanft zu dir."

Ich konnte es einfach nicht glauben.
Mein Herz schlug so heftig, dass es in
meinen Ohren dröhnte. Ich wollte zu
Millie laufen, aber sie war drinnen und
half ihrem Vater. Stattdessen hastete ich
zurück zu Prinz, band ihn los und führte
ihn auf die andere Seite des Hofs. Ich
stellte ihn neben Karuso und Flöckchen,
die Ponys von Anna und Amanda, und
putzte weiter.

„Geht's dir gut?", fragte Anna. Ich

schluckte schwer und nickte. Zu sprechen traute ich mich nicht, weil ich dann bestimmt angefangen hätte zu weinen.

„Sei nicht böse auf Jennifer", sagte Amanda. „Sie wollte nur helfen."

Meine Augen füllten sich mit Tränen, deshalb drehte ich mich schnell um und tat so, als hätte ich einen hartnäckigen Matschfleck an Prinz' Vorderbein entdeckt.

„Sie wollte *nicht* bloß helfen!", erklärte ich Prinz, als ich mit den Knoten in seiner zerzausten Mähne kämpfte. „Sie versucht, mir meine Ferien zu verderben!"

Prinz warf mir einen mitfühlenden Blick zu und ich wusste, dass er mich verstand. Ich war entschlossen, mir von Jennifer nicht alles kaputt machen zu lassen. Aber als wir zur ersten Stunde aufstiegen, rief Sophie: „Sollte Paula nicht in Gruppe B, Sally?"

Ich wünschte mir, der Boden würde sich unter mir auftun und mich verschlingen – mich und Prinz.

Ich wurde knallrot und versuchte so zu tun, als ob ich nicht hörte, was Sally zu den anderen Mädchen sagte. „Paula ist in ihrer Gruppe bestens aufgehoben", meinte sie.

Als Jennifer an mir vorbeiritt, um sich ihrer Gruppe anzuschließen, sagte sie: „Keine Sorge, Paula, niemand denkt, du wärst ein Feigling. Alle haben Mitleid mit dir."

„Aber ich wollte gerade nicht, dass sie …", begann ich, doch sie trabte einfach davon.

Danach konnte ich an nichts anderes denken als an das, was Jennifer gesagt hatte: dass ich galoppieren *musste*! Je weiter die Stunde voranschritt, desto ängstlicher wurde ich. Als es ans Galoppieren ging, ließ Sally uns wieder die Wahl. Sophie wollte es gerne probieren. Ich sagte, ich würde es auch gerne versuchen, aber plötzlich liefen mir Tränen über die Wangen.

„Paula, es ist in Ordnung, wenn du nicht möchtest", sagte Sally und lächelte freundlich.

„Aber ich muss heute galoppieren", beharrte ich und schluckte die Tränen hinunter. „Sonst verlerne ich alles und werde nie wieder so gut reiten wie vorher!"

„Was für ein Unsinn!", rief Sally. „Glaubst du das wirklich?"

„Na ja, ich … das ist zumindest Jennifers Meinung", gab ich zu.

Ich dachte, Sally wäre sauer auf mich, aber stattdessen lachte sie nur. „Aha! Na, ich dachte, *ich* wäre die Reitlehrerin hier, aber da muss ich was falsch verstanden haben. Es ist offensichtlich Jennifer!" Ich musste kichern, aber dann wurde Sally ernst und fuhr fort: „Tu nur das, wozu du dich bereit fühlst, Paula. Und wie ich schon sagte, vertraue Prinz. Wenn du entspannt und zuversichtlich bist und er versteht, was du von ihm möchtest, wird er immer versuchen genau das zu machen. Er ist ein wunderbares Pony."

Ich fuhr durch Prinz' Mähne. „Ich weiß. Ich wünschte, er würde wirklich mir gehören und ich könnte ihn nach den Ferien mit nach Hause nehmen."

Sally klopfte seine Schulter. „Oh nein", sagte sie, „du kannst ihn nicht haben. Er hat hier eine wichtige Aufgabe zu erfüllen. Er muss Reitern ihre Sicherheit zurückgeben. Du wirst ihn bestimmt immer lieben, aber nicht immer brauchen."

Ich nickte, aber ich glaube ihr nicht. Ich weiß, ich kann nur noch den geduldigen, lieben Prinz reiten. Ich werde mich niemals mehr auf ein anderes Pony trauen. Der Gedanke, auf den feurigen Pepper zu steigen, lässt mich zittern!

Sally führte Prinz wieder in die Mitte. Und obwohl ich die Einzige war, die noch nicht galoppiert ist, fühlte ich mich nach Sallys Worten ganz gut.

Auch wenn ich nicht galoppieren kann – ich freue mich immer, wenn ich bei Prinz sein kann!

Ich liebe Prinz!

Galopp?

Ich bin galoppiert!

Es war nicht besonders gut, aber ich habe mich endlich getraut!

Es war in der Nachmittagsstunde. Nachdem Tina und Linda einmal herumgaloppiert waren, wagte es auch Sophie, und sie machte es wirklich gut. Dann war ich an der Reihe. „Viel Glück, Paula!", hörte ich Sophie hinter mir sagen. Es tat gut zu wissen, dass sie nicht mehr böse auf mich war. Trotzdem zitterten meine Hände und mir war schlecht. Ich begann leichtzutraben und saß in der Ecke aus. Aber ich gab mit dem Bein keine Galopphilfe, also klappte es natürlich nicht. „Macht nichts!", rief Sally. „Trabe an der langen Seite leicht und versuche es in der nächsten Ecke noch einmal ..."

Ich nickte und trabte an. In der Ecke saß ich wieder aus und diesmal legte ich mein äußeres Bein zurück. Prinz machte den ersten Galoppsprung, aber sofort geriet ich in Panik und verkrampfte mich. Ich hüpfte mit hochgezogenen Händen im Sattel herum, meine Füße schossen nach vorn und ich hatte das Gefühl, gleich herunterzufallen.

Der arme Prinz wusste nicht, was er mit den ganzen widersprüchlichen Signalen anfangen sollte, also kürzte er die Ecke ab und fiel in den Trab zurück.

„Guter Versuch, Paula! Okay, ich

denke, wir machen Schluss für heute!",
rief Sally.

Und das war's. Es war alles andere
als perfekt und es waren nur ein paar
Sprünge, aber ich bin tatsächlich
galoppiert! Klar, bis ich wieder an Springturnieren teilnehmen kann, ist es noch ein
weiter Weg, aber es war schon mal ein
Anfang.

In unserer Theoriestunde am Nachmittag ging es um „die äußere Form des
Pferdes" – Abzeichen, Farben, Körperbau
und all das. Dazu haben wir ein lustiges
Spiel gemacht. Wir wurden in zwei
Gruppen eingeteilt und wir mussten die
richtigen Farb- und Abzeichenkarten für
die Ponys heraussuchen, die die andere
Gruppe beschrieb. Alle gingen wieder

ganz normal mit mir um.
Jennifer war ruhiger als
sonst und blickte etwas
belämmert drein.

Die belämmerte Jennifer

Ich habe das Gefühl, Josie hat mit ihnen
geredet, als ich vor dem Mittagessen
auf dem Klo war. Als wir uns zu zweit
zusammentun sollten, um durch die Ställe
zu gehen und die unterschiedlichen
Abzeichen der Ponys aufzuschreiben,
nahm Sophie meine Hand und rief: „Ich
gehe mit Paula!" Das fand ich sehr nett.

Ich habe immer noch nicht mit Jennifer
gesprochen. Und sie nicht mit mir – aber
wenigstens scheinen die anderen nicht
mehr gegen mich zu sein.

Sei heute Abend reden Jennifer und ich wieder miteinander!

Beim Tischtennisturnier hatte Jan mich und Jennifer in eine Gruppe eingeteilt. Ich glaube, mit diesem raffinierten Plan wollte er uns wieder versöhnen.

Zuerst habe ich so getan, als hätte ich mir den Knöchel verdreht und könnte nicht richtig spielen. Aber nach einigen Minuten machte es mir einfach zu viel Spaß. Am Ende hatte ich ganz vergessen, dass ich sauer auf Jennifer war, und als Jan die Getränke herausholte, haben wir uns sogar unterhalten.

Natürlich hat hauptsächlich Jennifer geredet. Darüber, wie toll sie sonst im Tischtennis ist und dass sie heute Abend nicht so gut war, weil irgendwas mit der Platte nicht stimmt. Aber das war immerhin besser als frostiges Schweigen. Ich habe ihr nicht direkt vergeben, aber miese Stimmung in den Ferien brauche ich wirklich nicht. Trotzdem werde ich ihr nie, nie wieder ein Geheimnis verraten!

Morgen machen wir einen Ausflug zu einer echten Wildwest-Ranch. Dort erwartet uns Western-Bob, der uns das Westernreiten beibringen wird. Ich habe das noch nie gemacht, aber es wird bestimmt klasse!

Ausflug in den Wilden Westen

Nachdem wir heute Morgen die Ponys versorgt und uns einen Vortrag über Fütterung und Stallarbeit angehört hatten, wartete schon der Minibus auf uns. Das Beste war: Zwei Ponys durften mitkommen, denn sie sind schon mal im Western-Stil geritten worden. Das eine ist Flöckchen, Amandas Pony, und das andere ist … Prinz!

Niemand von uns ist jemals vorher Western geritten, deshalb sind wir alle wahnsinnig aufgeregt gewesen. Jennifer erzählte, dass sie darüber was im Fernsehen gesehen hatte, in der Sendung

„Pferdestall". Sie tat natürlich so, als wäre sie jetzt eine echte Expertin. Den Jüngeren jagte sie Angst ein, als sie ihnen erzählte, wir müssten herum-galoppieren und mit einem Lasso riesige Kühe fangen. Aber Millie lachte nur und sagte, sie wäre schon oft auf der Ranch gewesen und so was müssten wir garantiert nicht machen.

Was für ein toller Tag! Und ich bin Lope geritten (das ist der Ausdruck für Galopp im Westernreiten). Westernreiten ist einfach spitze!

Western-Bob war auch ganz toll! Ich hätte nicht gedacht, dass er wirklich westernmäßig aussehen würde, aber das tat er! Er trug ein kariertes Hemd und

Jeans und darüber abge-
wetzte braune Lederchaps
mit Fransen an der Seite,
dazu einen Cowboyhut.
Sogar seine Aussprache
hörte sich amerikanisch
an.

Zuerst stellte er sich vor und fragte uns
nach unseren Namen. Dann erklärte er,
dass er uns erst etwas übers Westernreiten erzählen und uns dann eine
Westernreitstunde geben wollte. Zum
Schluss würde es noch ein Picknick mit
Western-Reiterspielen geben. Es hörte
sich super an und wir wurden noch
aufgeregter!

Wir gingen in die Scheune, in der die
Ponys und Pferde in ihren Stallungen

standen. Josie und Lydia luden Prinz und Flöckchen aus dem Pferdehänger und Western-Bob zeigte Amanda und mir, wo wir sie hinbringen sollten. Mit seinem hübschen hell-dunkel gescheckten Fell passte Prinz hervorragend zu den Western-Ponys. Dann erklärte Western-Bob uns das Westernzaumzeug und zeigte an seinem süßen Appaloosa-Pony Nick, wie man richtig auftrenst und -sattelt. Nick hat gestreifte Hufe und war sehr freundlich. Western-Bob erzählte uns, dass Appaloosas ursprünglich von den Indianern gezüchtet wurden – demnach ist Nick ein echtes Wildwest-Pony!

„Ihr legt das Sattelpad mittig auf den Rücken", erklärte Western-Bob, aber

Jennifer unterbrach ihn. „Sie meinen Satteldecke."

„Nein, ich meine Sattelpad", sagte Western-Bob mit einem Augenzwinkern. „So heißt es im Westernreiten – wie ich euch gerade erklärt habe."

Jennifer war daraufhin etwas eingeschnappt. Sie hätte gerne, dass die anderen glauben, sie wüsste alles.

Die allwissende Jennifer

Anschließend machten wir ein lustiges Spiel, bei dem immer zwei gegeneinander antraten. Western-Bob zeigte auf verschiedene Teile von Sattel und Zaumzeug und wir mussten so schnell wie möglich den Western-Begriff dafür sagen. Ich trat gegen Millie an. Sie tat so, als würde sie mit einer Pistole auf jedes Teil zielen und redete nur noch mit einer tiefen Western-Stimme. Am Ende mussten wir aufgeben, weil wir so doll lachten.

Danach sollten wir unsere Ponys satteln und zäumen. Western-Bob hatte spezielles Sattelzeug für Prinz. Er brachte es zu mir und hängte es über den Zaun.

„Das ist ja toll, dass Sie einen passenden Sattel für Prinz haben", sagte ich erstaunt.

Western-Bob lächelte. „Tja, ich werde dir ein Geheimnis verraten. Prinz hat hier bei uns gelebt, bevor er nach Liliengrün kam." Er klopfte Prinz' Hals und fügte hinzu: „Wir sind alte Kumpel, was, mein

Freund?" Prinz schnaubte freudig, er mag
Western-Bob genauso gern wie ich.

Also kennt sich zumindest einer von
uns beiden mit dem Westernreiten aus!

Die Westernsättel waren wirklich
schwer und wir mussten sie zu zweit auf
den Rücken unserer Ponys schwingen.

Ich dachte, wir würden auch so einen
Hut wie Western-Bob bekommen, aber
stattdessen mussten wir unsere normalen
Reithelme aufsetzen. Dann stiegen wir
auf und es ging los.

Es war wirklich toll. Statt in Gruppe A
und Gruppe B aufgeteilt zu werden,
blieben wir alle zusammen. Im Westernreiten waren wir schließlich *alle* Anfänger.

Zuerst ritten wir im Schritt herum und
lernten etwas über den Sitz und die unter-

schiedlichen Hilfen. Der Steigbügel am Fuß fühlte sich größer und weiter an als sonst. Außerdem sind die Bügel im Westernreiten sehr lang, sodass es mir vorkam, als würden meine Beine dicht über dem Boden baumeln. Das Lenken ist auch ziemlich seltsam. Man lenkt die Pferde mit „Neckreining", was am Anfang niemand richtig machte. Statt am Gebiss zu ziehen, legt man den Zügel an den Hals des Ponys, um es zu wenden. Außerdem soll man die Zügel nur mit einer Hand halten, aber da wir Anfänger waren, durften wir sie in beide Hände nehmen. Doch auch dann klappte es nicht. Wir führten die Zügel zu weit über den Ponyhals, sodass wir irgendwann ganz verdreht im Sattel saßen und unsere

Ponys im Maul zogen. Alle machten es falsch, bis auf Amanda, die anscheinend ein Naturtalent ist, und natürlich Millie, die es schon öfter geübt hatte. Aber die Ponys waren sehr brav und irgendwann hatten wir den Bogen raus.

Dann bat Western-Bob uns, abzusitzen und nachzugurten. Alle stiegen vorsichtig aus dem Sattel, weil der Zwiesel hinten so hoch ist, dass man das Bein nicht einfach darüberschwingen und ab-springen kann. Nur Jennifer versuchte, genau das zu tun, und blieb auf halbem Weg hängen!

Alle kicherten, und sie sah richtig wütend aus.

„Ich dachte, du wüsstest alles übers Westernreiten, Jennifer. Das hast du doch vorhin im Bus gesagt", meinte Anna.

Jennifer kämpfte sich endlich aus dem Sattel und landete auf dem Boden. „Ja, schon, aber das hier ist eine andere Art von Westernreiten", murmelte sie.

Ich sah, dass Western-Bob zu Josie hinüberlächelte, aber er sagte nichts. Da mochte ich ihn noch mehr.

Dann versuchten wir, im Jog zu reiten. Das ist wie ausgesessener Trab, aber langsamer als normal. Ich genoss es und hüpfte kein bisschen im Sattel herum, anders als die arme Sophie und Tina. Mit dem hohen Sattelrand hinten und dem Horn vor mir fühlte ich mich ziemlich sicher. Western-Bob meinte, ich hätte einen guten Sitz, und bat mich, dem Rest der Gruppe zu zeigen, wie man es richtig macht. Danach klatschten alle und ich wurde wieder rot, aber diesmal vor Freude.

Josie sagte mir hinterher, man hätte meine jahrelange Reiterfahrung deutlich gesehen. Daran musste ich den ganzen Tag denken und konnte gar nicht mehr aufhören zu lächeln. Langsam gewann ich mein Selbstvertrauen zurück.

Nach einer Weile sagte Western-Bob: „Okay, wer möchte jetzt den Lope versuchen?"

Wie alle anderen hob ich die Hand, aber ich wusste da noch nicht, dass „Lope" der Westernausdruck für Galopp ist, ich dachte, es hätte irgendwas mit dem Lasso zu tun.

Als Western-Bob erklärte, wie man vom Jog in den Lope kommt (es funktioniert fast genauso wie angaloppieren), wurde ich immer nervöser. Ich hatte gestern zwar ein paar Galoppsprünge geschafft, aber ich fühlte mich immer noch nicht sicher – vor allem nicht, wenn Jennifer dabei war.

Plötzlich zeigte Jennifer auf mich. „Entschuldigung, aber Paula möchte das nicht machen. Sie ist gestürzt und …"

Western-Bob hob die Hand und sie verstummte sofort. Er kam zu mir herüber und klopfte Prinz. Dann sagte Josie zu den anderen, sie sollten im Schritt weiterreiten, während Bob mit mir allein sprach.

„Paula, ich bin mir sicher, dass du das kannst", sagte Western-Bob. „Du hast einen sehr guten Sitz und du bist perfekt im Einklang mit Prinz. Entspann dich einfach und lass es geschehen. Willst du es mal versuchen?"

Ich atmete tief durch und nickte.

Western-Bob grinste.

Ich schloss mich den anderen an und wartete, bis ich an der Reihe war. Niemand schaffte es auf Anhieb, was mir Mut machte. Als ich dran war, begann ich mit dem Jog und versuchte, mich zu entspannen. In der Ecke gab ich die Hilfen und plötzlich galoppierte ich (na gut, ich ritt im Lope!).

Der Westernsattel war sicher und bequem, und ich folgte Prinz' Bewegungen.

Er schien genau zu wissen, wo es lang-
ging, deshalb musste ich mir über das
Lenken keine Gedanken machen. Als ich
bei der Gruppe hinten aufschloss, konnte
ich mir nicht verkneifen, einen Blick zu
Western-Bob zu werfen. Er sah mich
ebenfalls an – mit einem Augenzwinkern
und Lächeln!

Wir sind noch zweimal galoppiert,
bevor die Stunde zu Ende war, und ich
liebte jede Sekunde davon.

Danach gab es ein leckeres Cowboy-
Picknick mit Würstchen
und Bohnen und diesem
seltsamen Brei aus
Kartoffeln und Fleischsoße, den Cowboys
immer essen. Anschließend stiegen wir
wieder auf, die Western-Reiterspiele

begannen. Amanda und Anna durften wählen und beide wollten mich in ihrer Mannschaft haben!

Wir machten einen Probedurchgang auf der Slalomstrecke mit den Tonnen und dann gab es ein Staffel-Rennen, bei dem man eine Flagge weiterreichen musste. Ich war so damit beschäftigt, um die Tonne zu steuern und die Flaggen zu erwischen, dass ich gar nicht darüber nachdachte, dass ich die ganze Zeit galoppierte. Ich tat es einfach.

Und ich freute mich sehr, als Amanda mich gegen Millie ins Rennen schickte. Sie war offensichtlich der Meinung, wir wären gleich gut. Nicht im Traum hätte ich daran gedacht, dass ich in dieser Woche so weit kommen würde. Das habe ich alles Prinz zu verdanken!

Ich bin so froh, dass ich ihn bekommen habe!

Als wir nach Liliengrün zurückkamen, war es schon fast Zeit fürs Abendessen, aber ich bettelte Josie an, Prinz aus dem Transporter und zur Koppel bringen zu dürfen. Als wir beide allein waren, umarmte ich ihn fest und bedankte mich bei ihm, dass er so toll gewesen war.

„Ohne dich hätte ich sogar vor dem Trab immer noch Angst", sagte ich zu ihm. „Dank dir traue ich mich endlich wieder zu reiten!" Da schüttelte Prinz seine Mähne und sah sehr stolz aus.

Weil wir unsere Sache auf der Western-Ranch so gut gemacht hatten, bekamen wir alle eine Ansteckschleife. Ich werde meine morgen beim Reiten tragen, damit ich auch weiterhin den Mut zum Galoppieren habe!

Streiterei

Amanda und Anna kamen nach dem Duschen und der heißen Schokolade noch zu uns ins Zimmer und wir quatschten über das Westernreiten. Sie meinten, dass ich heute wirklich gut gewesen wäre, und lobten mich. Diesmal fand ich es gar nicht peinlich, sondern freute mich. Eigentlich weiß ich gar nicht mehr genau, warum ich solche Angst hatte, den anderen von dem Sturz zu erzählen. Ich wünschte mir, ich wäre von Anfang an ehrlich gewesen. Aber das würde ich Jennifer gegenüber niemals zugeben!

Dann fragten Anna und Amanda, ob Millies älterer Bruder Tommy eine Freundin hätte! Millie machte ganz laut „Würg! Wie eklig!", und wir platzten los vor Lachen. Außer Jennifer, die aus irgendwelchen Gründen beleidigt tat.

Als wir über Tommy redeten, musste ich an meinen Bruder Lukas und an Mama und Papa denken. Ich freue mich schon, sie am Freitag wiederzusehen, wenn sie zu den Reiterspielen kommen. Ich hoffe bloß, die Fortschritte von heute halten an, auch wenn ich wieder im normalen Sattel reite. Aber solange ich meinen wundervollen Prinz habe, wird es schon klappen!

Nachdem Amanda und Anna zurück in ihr Zimmer gegangen waren und das Licht ausgeschaltet worden war, dachte

ich, wir würden uns wie sonst noch
Geistergeschichten und Witze zuflüstern.
Aber stattdessen sagte Jennifer
mit mürrischer Stimme: „Ich
kapiere nicht, warum wir
uns mit dem Westernreiten
herumquälen sollen. Das bringt doch gar
nichts für unser normales Reiten."

„Natürlich hilft es!", rief ich. „Es war
super für mein Selbstvertrauen und …"

„Psst!", machte Millie.

„Entschuldigung", flüsterte ich. „Aber
trotzdem, Jennifer, es geht nicht immer
um Wettbewerb und Verbessern. Manche
Sachen macht man einfach nur zum
Spaß. So wie die Reiterspiele."

Jennifer schnaubte. „Sei nicht so
dumm, Paula. Die Reiterspiele sind der

reinste Wettbewerb. Aber klar, mit Prinz wirst du sowieso nichts gewinnen, weil er so langsam ist. Dann hab eben deinen Spaß."

Sofort fühlte ich mich schlecht. Diesmal wusste ich, dass sie gemein sein *wollte*.

„Jennifer, was ist falsch daran …", fing ich an, aber sie sprang vom Bett und stürzte ins Badezimmer. „Beachte sie gar nicht. Sie ist bloß sauer. Jennifer bewundert Anna und Amanda, aber die beiden haben heute nur *dich* gelobt. Sie ist eifersüchtig", flüsterte Millie.

Als Jennifer zurückkam, bemühte ich mich, dass meine Stimme nicht wackelte: „Wenn du meine Freundin wärst, würdest du dich freuen, dass es mit dem Reiten jetzt besser geht."

Ich dachte, sie würde sich sofort entschuldigen. Stattdessen drehte sie sich um und fauchte mich an. „Zuerst hast du deinen Sturz benutzt, damit jeder Mitleid mit dir hat, und jetzt bist du plötzlich eine Expertin im Westernreiten!"

Ich konnte einfach nicht glauben, was sie da sagte! „Ich wollte gerade *nicht*, dass irgendjemand Mitleid mit mir hat!", rief ich. „Ich wollte ja sogar, dass niemand etwas davon weiß. *Du* hast es ihnen doch erzählt! Und *du* hast auch behauptet, dass du die Western-Expertin bist, nicht ich!"

„Psst", machte Millie wieder.

„Kein Krach mehr da oben!", rief Josie die Treppe herauf.

Jennifer sagte nichts mehr. Sie

schnaufte nur wütend vor sich hin und ließ das ganze Stockbett wackeln. Aber nach einer Weile hörte es auf und ich vermutete, dass sie eingeschlafen war. Bald schlief auch Millie. Ich war so müde, aber ich konnte nicht einschlafen. Dauernd musste ich darüber nachdenken, was passiert war. Ich hasse es, mich mit jemandem zu verkrachen, auch wenn es nicht meine Schuld ist. Jennifer wird auf keinen Fall wieder meine Freundin – nicht nach all dem, was sie heute zu mir gesagt hat.

Ich sollte sie einfach vergessen, meine Augen schließen und an meinen süßen Prinz denken.

Prinz, mein wundervolles Pony

Tiefer Fall

Heute Morgen hatten wir eine Unterrichtsstunde über Sicherheit im Straßenverkehr. Danach haben wir unsere Ponys für einen Ausritt fertig gemacht. Es war ein schöner, heißer Tag, und ich wollte es gerne genießen, aber ich war ziemlich nervös. Es würde das erste Mal seit meinem Sturz sein, dass ich wieder ausritt.

Beim Aufsatteln flüsterte ich meine Sorgen in Prinz' Ohr und ich spürte, dass er mir versprach, nicht durchzugehen oder mich abzuwerfen oder so etwas. Trotzdem wollte ich nah bei Sally und Millie bleiben, damit sie mir helfen konnten, falls ich in Panik geriet. Außerdem würde ich Abstand von Jennifer halten, denn sie ist *nicht* mehr meine Freundin.

Keine Freundinnen!

Als wir vom Hof ritten, reihte ich mich hinter Amanda auf Flöckchen ein, ziemlich weit vorne in der Gruppe. Sally führte uns an und Lydia bildete die Nachhut. Jennifer war irgendwo weiter hinten, aber ich versuchte, nicht an sie zu denken und mich stattdessen auf den Ritt zu konzentrieren.

Ich hatte ziemliche Angst, auf der Straße zu reiten. Obwohl wir unsere leuchtenden Westen trugen und im Gänsemarsch hintereinander herritten.

Ich dachte daran, was Western-Bob über Entspannung und Harmonie mit dem Pferd gesagt hatte. Ich setzte mich tiefer in den Sattel und beruhigte mich etwas. Trotzdem war ich erleichtert, als wir Handzeichen gaben und in einen Feldweg einbogen.

Prinz' Bewegungen fühlten sich federnd und weich an, als wir über den Reitweg trabten. Ich wusste, dass es ihm gefiel. Wir galoppierten sogar einen Hügel hoch. Es klappte gut, denn ich vertraute Prinz. Ich dachte gar nicht nach – es funktionierte alles wie von selbst.

Als wir einen schönen Pfad am Wald entlangritten, trabte Sally neben mich. „Das hast du klasse gemacht diese Woche, Paula. Du hast wirklich dein Bestes gegeben und jetzt bist du wieder auf dem richtigen Weg. Ich bin sehr stolz auf dich und deine Familie wird es auch sein."

Ich dachte daran, dass Mama und Papa und Lukas mich bei den Reiterspielen sehen würden, und musste grinsen. „Danke, aber das alles habe ich nur Prinz zu verdanken", sagte ich. „Ohne ihn hätte ich das nie geschafft." Ich bin sicher, er verstand das, denn er schnaubte laut und wackelte mit dem Kopf. Sally und ich lachten.

„Ihr seid eben ein klasse Team!"

Jennifer belauschte unsere Unterhaltung und als ich Sally sagte, wie toll Prinz ist, rief sie: „Ja, wenn man's nicht eilig hat!"

„Tja, hab ich nicht", antwortete ich bestimmt. Ich hatte vergessen, dass ich seit gestern Abend nicht mehr mit ihr redete.

„Kann sein, aber wenn du weitere Fortschritte machen willst, Paula, brauchst du eine Herausforderung. Genau wie ich. Ich glaube, ich bin langsam über Flamme hinausgewachsen", meinte Jennifer.

Sally lachte. „Entschuldigung, aber wer ist hier die Reitlehrerin? Bei Paula ist alles prima, und es gibt noch eine Menge Dinge, die Flamme dir beibringen kann."

„Aber für mich ist alles ganz einfach", quengelte Jennifer. „Ich wette, ich kann sogar über diesen Holzstoß springen!" Sie zeigte auf einen Stapel Baumstämme am Waldrand. Ich dachte, das wäre wieder Angeberei von ihr, bis sie plötzlich schneller ritt.

„Mach das nicht!", rief Sally. „Du weißt nicht, was …"

Aber Jennifer galoppierte an und lenkte Flamme auf den Holzstoß zu.

„Komm zurück!", schrie Sally.

Jennifer beachtete sie immer noch nicht. Sie steuerte geradewegs auf die Stämme zu und beschleunigte weiter. Als Flamme sprang, warf Jennifer sich dramatisch nach vorne, viel mehr als nötig. Flamme berührte den obersten Stamm, der vom Stapel rollte und andere mit sich riss. Das arme Pony erschrak heftig und stolperte bei der Landung. Jennifer rutschte auf den Hals und dann auf den Boden. Wir beobachteten erschrocken, wie Flamme mit flatternden Zügeln im Wald verschwand.

Millie sprang von Tally und hielt Lydias Pferd fest, während diese hinter Flamme her in den Wald rannte. Sally raste zu Jennifer. Während Sally sie untersuchte, hielt Jennifer ganz still, sie jammerte und stöhnte nicht. Von meinem eigenen Sturz wusste ich, dass sie einen Schock hatte. Dann stand sie plötzlich auf, klopfte ihre Kleider ab und versuchte zu lächeln.

Wir seufzten erleichtert.

Aber Sally war wütend. „Du hast nicht mal geprüft, was auf der anderen Seite ist oder ob der Stapel befestigt ist!", rief sie. „Und du hast absichtlich nicht auf mich gehört! Du hast wirklich Glück, dass du mit ein paar Beulen davongekommen bist, Jennifer. Du hättest dir das Genick brechen können!"

„Ich wusste schon, was ich tue", begann Jennifer mit hochgezogenen Augenbrauen. „Es war bloß …"

„Du hast dein Pony in ernsthafte Gefahr

gebracht und jetzt ist Flamme im Wald verschwunden, mit baumelnden Zügeln!"

Endlich kapierte Jennifer und begann zu schluchzen.

Sally stand da mit verschränkten Armen, sie war immer noch wütend.

Aber dann kam Lydia mit Flamme aus dem Wald. Als Sally sah, dass es dem Pony gut ging, beruhigte sie sich etwas. „Ich hoffe, du hast heute etwas Wichtiges gelernt", sagte sie ernst zu Jennifer. „Steig jetzt auf, wir reiten zum Hof zurück."

Lydia führte Flamme zu Jennifer und wollte ihr die Zügel geben. Aber Jennifer wich zurück. „Ich kann nicht!"

Sally seufzte. „Jennifer, der Sturz war dein Fehler, nicht der deines Ponys. Jetzt steig bitte wieder auf."

Aber Jennifer heulte und schluchzte nur und schüttelte den Kopf. „Ich kann nicht", wiederholte sie, „ich kann nicht auf sie steigen!"

Dann passierte etwas Schreckliches. Jennifer wirbelte herum und starrte mich an. „Ich will auf Prinz reiten!", jammerte sie.

Ich schmiegte mich an Prinz' Mähne. „Auf keinen Fall", sagte ich. „Er gehört mir!"

Als Nächstes hörte ich Millie zu Jennifer sagen: „Du kannst Tally haben, ich reite Flamme." Ich warf ihr einen Blick zu und lächelte dankbar. Ich wusste, dass sie mir helfen wollte, damit ich Prinz nicht abgeben musste. Aber es nützte nichts.

„Das ist nett, Millie, aber ich fürchte, dein kleiner Frechdachs ist jetzt nicht das Richtige für Jennifer", meinte Sally.

Sally sah mich hoffnungsvoll an, aber ich schüttelte den Kopf. Wie konnte sie das bloß verlangen?

Jennifer begann wieder zu schluchzen und ich klammerte mich an Prinz. Ich konnte ihn nicht hergeben – ich konnte einfach nicht! Aber in Jennifers Augen war echte Angst, sie fürchtete sich wirklich vor Flamme. Auch wenn sie sich mir gegenüber schrecklich verhalten hatte: Ich wusste, wie wichtig es war, möglichst schnell wieder aufzusteigen. Ich tastete mit meiner Hand unter meine Schutz- weste und fühlte die Westernschleife an meinem Pulli – irgendwie gab sie mir Mut.

„Okay, du kannst Prinz haben, aber nur für den Weg nach Hause", sagte ich schließlich.

„Danke", schniefte Jennifer, als ich ihr die Zügel gab. Auch Sally formte mit ihren Lippen ein „Dankeschön". Aber nun kam der härteste Teil – ich musste Flamme reiten! Zu allem Überfluss war sie auch noch ein ganzes Stück größer als Prinz. Und sie wurde nicht nur wegen ihres feuerroten Fells Flamme genannt, sondern auch wegen ihres feurigen

Temperaments! Würde ich sie unter Kontrolle behalten? Oder würde ich wieder in Panik geraten? Die ängstlichen Gedanken überschlugen sich in meinem Kopf.

Sally half mir in den Sattel und ich ordnete die Zügel. Ich atmete ein paarmal tief durch und versuchte, mich schwer in den Sattel zu setzen. Wir machten uns wieder auf den Weg und bald begannen wir zu traben. Flamme schien ihren Beinahe-Sturz komplett vergessen zu haben und konnte es gar nicht erwarten, loszulaufen. Ich bremste sie mit halben Paraden und bemühte mich, gut sitzen zu bleiben und die Beine anzulegen. Angst kroch in mir hoch. Würde sie mit mir durchgehen? Ich lenkte sie hinter

Prinz, denn ich wusste, er würde sie bestimmt nicht dazu aufmuntern.

Flamme versuchte dennoch auszubrechen, sie wollte mich testen. Ich musste zugeben, dass Jennifer, abgesehen von ihrer Angeberei, eine gute Reiterin sein musste, weil sie mit Flamme diese Woche prima zurechtgekommen war.

Nach einer Weile schien Flamme ruhiger zu werden und ich begann mich zu entspannen. „Ich hab's getan", dachte ich immer wieder. „Ich bin ein anderes Pony geritten und es ist in Ordnung!" Wir kamen zu einem leicht ansteigenden Weg und Sally fragte, ob wir bereit für einen Galopp wären. Sie sah besonders mich an, und zu meiner eigenen Überraschung nickte ich. Ich merkte, dass ich es wirklich wollte, obwohl ich nicht auf meinem zuverlässigen Prinz saß.

Und dann ging's los! Flamme raste wie eine Rakete den Weg hoch und überholte alle, bis auf Lydia und ihren schnellen Fuchs.

„Alles klar?", rief sie, als wir nebeneinander über den Weg donnerten.

„Ja!", rief ich zurück und das stimmte wirklich!

Als wir wieder auf dem Hof waren, kam Jennifer zu mir, um die Ponys zu tauschen. Und da geschah etwas Erstaunliches – sie entschuldigte sich tatsächlich bei mir! „Du hättest mir Prinz nicht leihen müssen", fügte sie hinzu. „Vor allem nicht, nachdem ich dich gestern so blöd behandelt habe. Ich bin dir echt dankbar, Paula. Jetzt verstehe ich, wie du dich nach deinem Sturz gefühlt haben musst. Das kann einem ganz schön Angst machen."

Ich hätte weiter auf sie böse sein können, aber ich fühlte mich einfach großartig nach dem Galopp. „Ist schon in Ordnung", sagte ich deshalb nur.

Heute ist wirklich eine Menge passiert. Ich habe die Sache mit Jennifer geregelt, bin auf einem anderen Pony als Prinz geritten, war im Gelände und habe sogar den Jagdgalopp versucht!

Die Reiterspiele

Unglaublich, dass heute schon der letzte Tag ist. Ich werde Prinz ganz schrecklich vermissen. Aber erst einmal werden wir noch zusammen riesigen Spaß bei den Reiterspielen haben!

Als wir unsere Ponys für den „Schönheitswettbewerb" fertig machten und wie wild putzten und auch das Sattel- und Zaumzeug reinigten, kam Jennifer zu mir. „Du kannst Flamme für ein paar Rennen haben, wenn du willst", sagte sie. „Dann hast du wenigstens eine Chance, etwas zu gewinnen."

Ich wurde schon wieder sauer, weil sie Prinz so runtermachte, aber dann wurde mir klar, dass sie nur helfen wollte – eben auf ihre Weise. Also klopfte ich Prinz ausführlich und sagte: „Nein, danke, es macht mir nichts aus, wenn wir nichts gewinnen. Ich freue mich einfach, mein süßes Pony zu reiten."

Jennifer zuckte mit den Schultern. „Wie du meinst. Aber du weißt ja, eigentlich geht es ums Gewinnen."

Ich lächelte und bearbeitete Prinz' Fesselbehang mit der Wurzelbürste. Früher habe ich auch gedacht, dass nur der Sieg zählt. Aber nach dem, was Prinz und Western-Bob mir beigebracht haben, denke ich das jetzt nicht mehr. „Eigentlich glaube ich, dass es mehr darum geht, mit seinem Pony im Einklang zu sein und Spaß zu haben", sagte ich zu Jennifer.

Sie lachte. „Okay, Paula, wie auch immer. Kannst du mir das Huföl geben?"

Ich gab es ihr und es fühlte sich gut an, dass wir uns wieder vertragen hatten. Es ist schon komisch, sie sagt immer noch blöde Dinge, aber es ärgert mich nicht mehr so sehr – verrückt!

Als wir schließlich mit dem Schönmachen unserer Ponys fertig waren, sahen sie toll aus. Lulu hatte zwölf pinkfarbene Bänder in ihrem Schweif und Amanda hatte bei Flöckchen ein Schachbrettmuster in das Fell auf der Hinterhand gebürstet. Amita hatte Taifun sogar einen komplizierten Zopf geflochten. Ich hatte Prinz eher natürlich gelassen. Er ist ein bisschen zu kräftig für Mähnenzöpfe und außerdem ist er tief im

Herzen eigentlich ein Wildwestpony und kein Schaupony! Also habe ich ihn nur besonders gründlich geputzt und sein Fell mit einem Lappen und etwas Spray zum Glänzen gebracht. Ich konnte nicht widerstehen und habe ein paar Bänder um den Stirnriemen seiner Trense gewickelt. Aber ich habe extra blaue

Bänder

und grüne ausgewählt, sodass er schick und überhaupt nicht mädchenhaft aussah.

Mama, Papa und Lukas kamen an und trafen mich im Hof, wo wir uns gerade vor dem Aufstiegshocker aufreihten. „Was gibt's Neues, Paula?", fragte Mama. „Wir haben die ganze Woche nichts von dir gehört. Ich hoffe, das ist ein gutes Zeichen."

Ich lachte. „Jawohl, ein sehr gutes Zeichen – wartet nur ab!"

Vor dem Start bewertete Jan das am hübschesten zurechtgemachte Pony und vergab den ersten Preis an Sophie und Miro. Sie hatten ihn auch verdient. Miro sah toll aus mit seiner geflochtenen Mähne und den vielen Bändern im Schweif. Amanda und Flöckchen wurden Zweite und Amita gewann den dritten Platz. Ich wusste, dass es Prinz nichts ausmachte, nicht platziert worden zu sein – sich rausputzen ist einfach nicht sein Ding.

1.
Sophie und Miro

2.
Amanda und Flöckchen

3.
Amita und Taifu

Die Reiterspiele waren großartig – ich wurde sogar Zweite im Slalomrennen! Jennifer gewann überlegen im Sockenrennen. Dabei muss man so schnell wie möglich hin und her flitzen, Socken aufsammeln und in einen Eimer werfen. Weil Flamme so schnell ist, war es klar, dass sie gewinnen würden. Amanda siegte in der Geschicklichkeitsprüfung, sie lenkte ihr Pony durch ein Stangenlabyrinth in weniger als einer Minute. Und Sophie wurde klatschnass beim „Äpfel-aus-dem-Wasser-Schnappen". Sie bekam ihren Apfel einfach nicht zu fassen. Schließlich setzte sie ihren Helm ab und steckte ihren Kopf ganz in den Eimer. Obwohl alle anderen schon

fertig waren und zur Startlinie zurück-
ritten, gab sie nicht auf. Schließlich setzte
sie ihren Helm wieder auf und ritt, mit
nassen Haaren, die ihr ins Gesicht
tropften, zu den anderen. Sie hatte Glück,
dass der Schönheitswettbewerb vorher
gewesen war!

Danach gab es eine Pause, in der wir
etwas trinken und Kekse essen konnten.
Ich unterhielt mich gerade mit Millie, als
Jennifer zu uns kam. Sie gratulierte mir,
und ich gratulierte ihr zu ihrem Sieg. Es
ist wirklich prima, dass wir uns wieder
verstehen. Dann kamen Amanda und
Anna zu uns und fragten mich, ob Lukas
eine Freundin hätte. Während ich noch
„Würg! Ist ja eklig" sagte, rief Millie: „Ich
dachte, ihr würdet Tommy mögen!"

Die beiden sahen sich an und kreischten: „Tun wir ja … ebenfalls!", und rannten kichernd davon. Ehrlich, ich werde garantiert nie so verrückt nach Jungs sein wie sie. Ich werde immer nur Ponys toll finden!

Als sich alle gestärkt hatten, stiegen wir wieder auf, der letzte Wettbewerb stand auf dem Programm: das Hürdenspringen. Während wir uns auf dem Platz aufstellten, berührte ich meine Westernschleife, die ich an meine Reitjacke gesteckt hatte. Ich musste all meinen Mut zusammennehmen. Nie hätte ich gedacht, dass ich diese Woche springen würde, aber ich wollte das Reiterspiel auf keinen Fall auslassen.

Das erste Hindernis war ein klitzekleiner Kreuzsprung, den ich vor meinem Sturz mit geschlossenen Augen gesprungen wäre. Aber jetzt war ich genauso nervös wie die anderen Mädchen aus der Gruppe A, die bis jetzt nur über ein paar Stangen auf dem Boden geritten waren. Lydia führte sie hinüber, dann war ich an der Reihe. Ich ließ es ebenfalls langsam angehen, ritt im Trab auf den Sprung zu und trieb Prinz erst kurz davor in den Galopp. Er machte einen kleinen Hüpfer über die Stangen. Es war nichts Besonderes, aber für mich bedeutete es sehr viel! Mama und Papa sahen ebenfalls total überrascht aus.

Plötzlich war das

Hürdenspringen nicht mehr nur ein Reiterspiel, jetzt wollte ich gewinnen. Ich war in jeder Runde so entschlossen und konzentriert, als wäre es ein echtes Springturnier. Tina war die Erste, die ausschied, gefolgt von Sophie und Anna. Jennifer stürmte durch die dritte Runde und riss ein Hindernis. Nach einigen weiteren Runden waren nur noch Millie und Amita dabei. Wir waren alle erstaunt, als Amita falsch anritt und die oberste Stange mit einem Krachen herunterflog. Jetzt waren Millie und ich die Einzigen, die übrig geblieben waren!

Als Sally die Stange wieder auflegte, grinste Millie mich an. „So, jetzt geht's wieder um uns beide", sagte sie. „Du hast mich letztes Mal beim Turnier geschlagen. Aber diesmal wirst du mich nicht besiegen!"

Ich grinste zurück. „Sollen wir wetten?"

Wir schafften beide die nächste Runde ohne Fehler und die Stangen wurden wieder erhöht, auf fast einen Meter. Es war wirklich spannend und die Zuschauer feuerten uns an. Ich konnte Papa brüllen hören: „Auf geht's, Paula!" Tally ist kleiner als Prinz, aber er kann genauso gut springen. Also war es von den Ponys her ziemlich ausgeglichen. Alles hing von uns und unseren Nerven ab.

Ich war als Erste dran. Ich galoppierte los und ritt das Hindernis genau mittig an, wobei ich mich am Zaun orientierte. Ich behielt ein ruhiges, gleichmäßiges Tempo bei, trieb Prinz erst kurz vorher an und ermunterte ihn, sein Bestes zu geben. Und weil Prinz eben Prinz ist, tat er es natürlich – und wir schafften es!

Mit grimmigem, entschlossenem Gesichtsausdruck zog Millie Tally herum und rauschte auf das Hindernis zu. Sie sprang gut ab, aber bei der Landung ließ Tally ein Bein leicht hängen und riss die Stange. Ich starrte die heruntergefallene Stange an und es dauerte einen Moment, bis ich begriff.

Mama, Papa und Lukas waren völlig aus dem Häuschen, obwohl Lukas normalerweise viel zu cool ist, um sich über irgendwas zu

Wir haben gewonnen! Wir haben wirklich gewonnen!

freuen oder aufzuregen! Millie ritt zu mir herüber und gratulierte mir. Als wir uns vorbeugten, um uns die Hände zu schütteln, sagte sie: „Beim dritten Mal werde ich Glück haben, wart's nur ab! Nächstes Mal schlage ich dich!"

Ich grinste. „Also gibt es ein nächstes Mal?"

„Ich hoffe", meinte sie. „Wenn du wieder bei Springturnieren mitmachst …"

Ich lächelte sie an, denn ich wusste, das würde ich.

Dann wurde es Zeit, nach Hause zu fahren. Komischerweise fand ich es wirklich traurig, mich von Jennifer zu verabschieden. Sie wohnt weit weg, deshalb werde ich sie wohl nicht wieder-sehen. Aber es machte mir nichts aus, mich von Millie zu verabschieden. Ich weiß, ich werde sie ziemlich bald auf irgendeiner Veranstaltung wiedertreffen – und sie schlagen, wenn es gut läuft!

Liliengrün ist nicht so weit von zu Hause, deshalb werde ich Prinz vielleicht sogar ab und zu besuchen können. Das sagte ich ihm, als ich mich von ihm verabschiedete, und es munterte ihn ein winziges bisschen auf, obwohl er immer noch sehr traurig darüber war, dass ich nach Hause fuhr. Ich streichelte seine Ohren, kraulte seine Mähne und flüsterte: „Ich habe wieder Vertrauen zu Pferden und das habe ich nur dir zu verdanken, Prinz. Du bist das geduldigste Pony, das ich je kennengelernt habe und ich werde dich nie vergessen!"

Ich hätte niemals gedacht, dass ich so
was sagen würde, aber Jennifer hatte
recht – zumindest in diesem Punkt: Ich
bin bereit für neue Herausforderungen.
Anfangs dachte ich wirklich, ich könnte
für immer nur noch Prinz reiten, aber es
klappte auch prima auf Flamme. Und jetzt
kann ich es kaum erwarten, zu meinem
Reitstall zu kommen, neue Dinge zu
lernen und unterschiedliche Ponys zu
reiten, sogar Pepper! Und auch wenn ich

Prinz sehr vermissen
werde, bin ich froh,
dass er auf Lilien-
grün bleibt und
dort auf das
nächste Mädchen
wartet, das ihn braucht.

Ponyhof Liliengrün

Clara und Camillo

Liebe Ponyfreundin,

ich heiße Millie und wohne mit meiner
Familie auf dem Ponyhof Liliengrün.
Hier leben meine Eltern, Josie und Jan,
mein Bruder Tommy, viele Hunde und
natürlich die Ponys!
Unsere Reitlehrerin Sally ist sehr nett
und wird dafür sorgen, dass die Woche ein
voller Erfolg für Dich wird. Wenn Du etwas
nicht weißt oder nicht verstehst, frag einfach
nach. Wir sind da, um zu helfen, sagt Sally
immer. Ich will natürlich auch, dass Dir

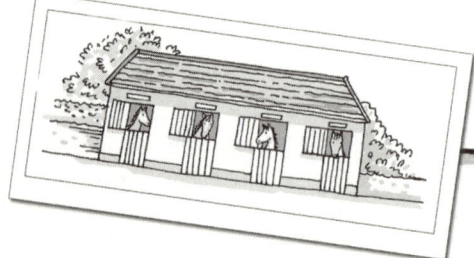

der Reiterurlaub Spaß macht – also keine
falsche Bescheidenheit!

Das Beste ist, dass Du ein eigenes Pony
bekommen wirst, das Du auch selbst ver-
sorgen darfst. Die Ponys können es kaum
erwarten, Dich endlich kennenzulernen
und Spaß mit Dir zu haben!

Außerdem werden wir noch etwas ganz
Besonderes machen – eine Schatzsuche!

Diese Ferien wirst Du bestimmt nie
vergessen!

Alle vom Ponyhof Liliengrün wünschen
Dir eine schöne Zeit!

Bis bald,
Deine Millie

Endlich auf dem Ponyhof!

Es ist wirklich super hier! Ich bin gerade erst angekommen und habe mich gleich umgesehen – es gibt zwei Reitplätze, überall laufen süße Ponys und Hunde herum und sogar ein Pool ist da! Am meisten freue ich mich auf das Springen!

Als meine Mutter mich bei Josie angemeldet hat, hat sie Mama erzählt, dass am Ende dieser Woche ein Spring-turnier stattfinden soll. Im Unterricht werden wir lernen, einen Parcours mit acht Sprüngen zu reiten. Es sollen sogar ein paar Geländesprünge dabei sein – ich kann es kaum noch erwarten!

Ich liebe Springen! Aber im Reitstall zu

Hause haben wir bisher immer nur zwei oder drei Hindernisse hintereinander aufgebaut, die habe ich allerdings fehlerfrei geschafft. Ich hoffe wirklich, dass ich hier viel dazulerne und ich will am Freitag unbedingt einen Null-Fehler-Ritt hinlegen.

Das sind meine Gründe dafür:

Erstens: Bei so vielen Hindernissen habe ich das noch nie geschafft, also ist es eine tolle Herausforderung!

Zweitens: Damit Papa stolz auf mich ist.

Obwohl mein Papa weiß, wie sehr ich Ponys liebe (schließlich spreche ich dauernd davon, dass ich mir ein eigenes Pony wünsche!), hat er mich noch nie reiten sehen. Er arbeitet immer, sogar am Wochenende. Aber er hat gesagt, dass er wirklich, wirklich versuchen will, am Freitag mitzukommen, wenn Mama mich abholt. Dann kann er das Springturnier sehen und ich kann ihn mit meinem Null-Fehler-Ritt beeindrucken – ich drücke jetzt schon die Daumen! Ich hoffe nur, dass er sein Versprechen hält und nicht wie üblich im Büro aufgehalten wird.

Gleich als ich aus dem Auto gestiegen bin, habe ich Josie gefragt, was wir in den nächsten Tagen machen werden. Ich wollte es unbedingt sofort wissen. Sie hat gelächelt und gesagt, dass Sally, die Reitlehrerin, alles erklären wird, wenn auch die anderen Mädchen eingetroffen sind. Aber da ich zu aufgeregt war, um so lange zu warten, hat sie mir schließlich eine Kopie des Stundenplans gegeben.

Josie

Sally

Sie hat aber auch gesagt, dass sich daran noch einiges ändern wird, weil an manchen Tagen besondere Dinge geplant sind. Wie Millie schon in ihrem Brief geschrieben hat, werden wir diese Woche auf eine Schatzsuche gehen – das wird bestimmt ein Riesenspaß!

Hier ist das Programm für die Woche:

Ponyhof-Zeitplan

8 Uhr: Aufstehen, anziehen, Frühstück

8 Uhr 45: Stallarbeit, Ponys von der
Koppel holen, Stall ausmisten,
füttern

9 Uhr 30: Ponys für die Vormittagsreitstunde fertig machen
(putzen, satteln)

10 Uhr: Vormittagsreitstunde

11 Uhr: Kurze Pause mit Getränken
und Obst

11 Uhr 20: Unterrichtsstunde
Ponypflege

12 Uhr 30: Mittagessen, danach
Freizeit

14 Uhr: Nachmittagsreitstunde

15 Uhr: Pause mit Getränken
und Kuchen

15 Uhr 20: Unterrichtsstunde
Ponypflege

16 Uhr 30: Stallarbeit (z. B. Sattelzeug putzen, fegen, Abendfutter zubereiten, Ponys auf die Koppel bringen)

17 Uhr 30: Freizeit vor dem Abendessen

18 Uhr: Abendessen (und Tischdienst!)

19 Uhr: Spiele und anderes

20 Uhr 30: Duschen, dann eine heiße Schokolade

21 Uhr 30: Licht aus und RUHE!

Unglaublich! Hier ist so viel zu tun! Ich bin schon unheimlich gespannt, welches Pony ich kriege – eine ganze Woche ein eigenes Pony zu haben wird bestimmt superfantastischtoll!

Nachher werden wir alle gemeinsam

eine Reitstunde haben, damit Sally

entscheiden kann, wer in welche Gruppe

kommt. Also stimmt der Stundenplan

heute schon einmal nicht, weil der

Unterricht zur Ponypflege ausfällt. Es ist

jetzt halb elf und ich habe schon meine

ganzen Sachen ausgepackt. Noch sind

nicht alle da, auch nicht die Mädchen,

mit denen ich mir das Zimmer teile – aber

Moment mal, ich höre jemanden reden

und die Treppe raufkommen. Vielleicht

sind sie das!

Sie waren es!

Die beiden Mädchen, mit denen ich

zusammenwohnen werde, sind gerade

wieder nach unten gegangen. Wir warten

immer noch auf ein paar andere, aber

auf der Autobahn ist ein Stau, also wird

es wohl etwas später losgehen als

geplant.

Das weiß ich bisher von den beiden:

 Name: Isabella

Alter: 12

Wohnort: Sie wohnt auf dem

Land, aber nicht weit von

der Hauptstadt.

Beschreibung: ziemlich

groß für zwölf Jahre, geht auf eine

Mädchenschule, hat umwerfende

grüne Augen und langes, gewelltes

braunes Haar, spielt Cello und hat drei

verschiedene Badeanzüge eingepackt,

weil sie sich nicht entscheiden konnte,

welchen sie mitnehmen soll (ich *habe*

nur einen!). Sie sagt, dass ihre Freunde sie Bella nennen und dass wir das auch dürfen (finde ich echt nett von ihr!).

Name: Georgia

Alter: 12

Wohnort: Georgia kommt aus den Bergen, was von hier aus vielleicht gar nicht so weit ist, aber von da, wo ich wohne, ist es echt weit weg.

Beschreibung: kurze blonde Haare. Sie kommt mir für ihre zwölf Jahre ziemlich erwachsen und vernünftig vor, aber das ist in Ordnung, weil sie sehr nett zu sein scheint. Sie hat zwei jüngere Brüder und eine kleine Schwester und muss ihren Eltern oft helfen, auf sie aufzupassen.

Das Beste ist, dass Isabella und Georgia Springreiten auch toll finden und so wie ich extra diese Woche auf den Pony-hof gekommen sind, um am Springkurs teilzunehmen. Außerdem sind sie beide sehr nett und haben mich kein bisschen hochnäsig behandelt, obwohl ich etwas jünger bin – das machen ältere Mädchen ja manchmal ganz gern.

Oh, Bella ruft nach mir. Vielleicht erfahren wir jetzt, wer welches Pony kriegt. Ich bin ja so aufgeregt! Hoffentlich ist meins ein guter Springer!

Es geht los!

Gleich haben wir unsere erste Reitstunde. Aber obwohl noch keiner weiß,
wer welches Pony bekommen wird,
habe ich mein Traumpony schon
gefunden.

Josie hat erlaubt, dass wir im Stall
helfen, während wir auf die Ankunft
der letzten beiden Mädchen warteten.
Ich wurde zum Ausmisten eingeteilt,
zusammen mit einer echt netten
Pferdepflegerin, die Lydia
heißt. Und da habe
ich Karuso getroffen,
ein wunderschönes
Connemarapony.

Ich habe mich sofort in ihn verliebt
und Lydia hat gesagt, dass ich ihn nach
draußen führen darf, damit wir seine Box
ausmisten können. Ich habe ihn auf dem

Lydia

Weg zum Anbindebalken
die ganze Zeit gestreichelt
und er hat mich zum
Dank dafür mit der Nase
angestupst.

Beim Arbeiten habe
ich Lydia nach Karuso
ausgefragt und sie hat mir
erzählt, was für ein guter
Springer er ist. Da wollte ich dann erst
recht, dass er mein Pony wird!

Nachdem Lydia und ich frisches Stroh
geholt und es in der sauberen Box
verteilt hatten, habe ich Karuso wieder

reingeholt. Ich habe ihm zugeflüstert, wie sehr ich hoffe, dass er für diese Woche mein Pony sein wird. Etwas später kamen dann endlich die letzten Mädchen an und Josie rief uns zusammen, um uns alle einander vorzustellen.

Außer mir, Bella und Georgia ist da natürlich noch Millie. Sie teilt sich das Zimmer mit zwei Mädchen, die Suki und Mai heißen und auf eine internationale Schule gehen. Sie sind beide achtdreiviertel Jahre alt und kommen aus Japan.

Suki   Mai

Dann sind da noch die Kleinen, Olivia,

Assia und Joelle, die erst sieben und damit die Jüngste ist. Die drei teilen sich ein Zimmer.

Bella, Georgia und ich sind schon ganz aufgeregt wegen des Springens. Wir hoffen sehr, dass wir auch wirklich in die Springer-Gruppe kommen. Bella und Georgia sind schon ein paarmal gesprungen, aber an einem Turnier haben sie bisher noch nicht teilgenommen. Anscheinend habe ich die meiste Erfahrung.

Hoffentlich bekomme ich Karuso! Ich habe mir ausgerechnet, dass ich eine 33,33333-prozentige Chance habe. Für die kleineren Mädchen ist er zu groß und Millie hat natürlich ihr eigenes Pony, also schätze ich, dass außer mir nur Georgia und Bella für ihn infrage kommen.

Es ist nicht so gelaufen, wie ich gehofft hatte, aber ich werde versuchen, nicht allzu enttäuscht zu sein. Wir haben alle mit unseren Gerten und Reitkappen auf dem Hof gewartet. Dann hat Sally eine Liste vorgelesen, während Lydia ein Pony nach dem anderen nach draußen brachte. Sie waren alle schon gesattelt, weil einige der Mädchen dabei geholfen hatten, während ich ausgemistet habe.

Ich war unheimlich aufgeregt und als Lydia Karuso aus dem Stall führte, habe ich ganz fest die Daumen gedrückt, aber dann sagte Sally: „Isabella, du bekommst Karuso. Ich hoffe, ihr werdet gut miteinander auskommen. Karuso ist ein hervorragender Springer und geht auch sehr gut Dressur."

Ich war total traurig und musste schnell blinzeln, damit niemand die Tränen in meinen Augen bemerkte.

Bella bedankte sich bei Sally und streichelte Karusos Nase, bevor sie ihn zum Aufsitzhocker führte. Als er zufrieden ihre Schulter anstupste, konnte ich mir den Gedanken nicht verkneifen, dass es eigentlich *meine* Schulter hätte sein sollen.

Zu mir sagte Sally: „Clara, du bekommst Camillo. Er ist ein ziemlich frecher Bursche. Du wirst für ihn deine ganze Erfahrung brauchen." Sie erwähnte nichts von seinem Springvermögen oder davon, wie er in der Dressur war. Aber er scheint ganz süß zu sein. Er ist ein Schimmel, aber kein Connemarapony wie Karuso, sondern ein Welshpony mit großen Augen und einem niedlichen rosa Fleck auf der Nase. Lydia sagt, dass er ein Stockmaß von 1 Meter 25 hat und ich komme mir viel zu groß für ihn vor – meine Füße hängen fast auf dem Boden! Karuso wäre genau richtig für mich. Ich wünschte nur … aber es hat keinen Sinn. Ich habe Karuso nicht bekommen und werde jetzt versuchen, das Beste daraus zu machen. Ich werde meine Ferien bestimmt nicht mit Gejammer verbringen!

Hier ist eine Zeichnung von mir, auf der man sieht, wer welches Pony bekommen hat:

Bella - Karuso

Suki - Tamino

Georgia - Prinz

Mai - Sultan

Millie reitet natürlich ihr eigenes Pony Tally!

Joelle – Miro

Ich – Camillo

Olivia – Elvis

Assia – Sancho

Die erste Reitstunde war ganz in Ordnung. Millie ist nicht mitgeritten, sie musste an ihrer Ferienhausaufgabe arbeiten. Die Ärmste!

Anfangs sind wir nur Schritt und Trab geritten. Wir sollten an unserem Sitz arbeiten und versuchen, die Übergänge richtig zu machen. Dann haben wir ein paar Figuren und Handwechsel ausprobiert und am Ende durften wir einzeln angaloppieren und uns danach wieder hinten anschließen. Nur Joelle nicht, denn sie reitet noch nicht lange und ist noch nie galoppiert. Sie hat sich mit Miro in die Mitte der Bahn gestellt und Sally hat ihn festgehalten, während wir anderen erst auf der einen und dann auf der anderen Hand galoppiert sind.

Was Camillo betrifft, hatte Sally recht, er ist wirklich ziemlich frech. Ich musste die ganze Zeit das innere Bein angedrückt lassen, denn sonst hätte er die Runde abgekürzt. Und als ich ihn einmal mit der Gerte berührt habe, hat er gebuckelt. Es war nicht schlimm, aber ich musste schon schlucken, als ich Bella und Karuso sah, die perfekte Runden trabten und wundervolle Übergänge hinbekamen. Bellas Arme und Beine flogen auch nicht so herum wie meine.

Nach dem Reiten brachten wir die Ponys zurück in die Ställe und sattelten sie ab. Ich putzte Camillo und versorgte ihn mit frischem Wasser. Dann gingen wir auf den Hof und versammelten uns um Sally, die uns die Gruppenein-teilung sagte.

Das sind die beiden Gruppen:

Gruppe A: Suki, Mai, Olivia, Joelle, Assia.

Gruppe B: Bella, Georgia, Millie und ich.

In Gruppe B sind die Springer und wir werden am Ende der Woche beim Springturnier reiten! In Gruppe A sind die weniger erfahrenen Reiterinnen, sie werden statt des Springens Reiterspiele machen. Sally hat ihnen aber versprochen, dass sie im Unterricht auch das Springen versuchen dürfen, damit sie nicht das Gefühl haben, etwas zu verpassen.

Als wir hörten, dass wir zu den Springern gehören, sind Bella, Georgia und ich uns in die Arme gefallen und haben gejubelt!

Natürlich war ich aufgeregt, aber insgeheim auch ein bisschen enttäuscht. Klar weiß ich, dass es nicht Bellas Schuld ist, dass sie Karuso bekommen hat, aber ich wünschte *doch*, dass es anders wäre.

Eigentlich dachte ich, nach der Reitstunde hätte ich vergessen, dass ich

 eigentlich Karuso als mein Pony haben wollte, aber irgendwie gelingt mir das nicht. Vielleicht wird alles besser, wenn wir unsere erste Springstunde hatten und ich auf dem Weg zu meinem Null-Fehler-Ritt bin. Jetzt, wo ich Camillos Unarten kenne, werde ich viel strenger mit ihm sein!

Die erste Springstunde

Wir wollen heute Abend noch schwimmen gehen, aber Josie hat gesagt, dass wir nach dem Abendessen erst eine halbe Stunde warten sollen. Wir haben uns auf Georgias Bett gelegt und Bella hat nicht aufgehört davon zu schwärmen, wie toll Karuso ist. Weil mir das allmählich auf die Nerven ging, habe ich vorgeschlagen, dass wir Briefe an unsere Eltern schreiben und von unserer ersten Springstunde erzählen.

Heute Nachmittag war es superheiß und Sally hat beschlossen, dass wir erst die Unterrichtsstunde machen und danach reiten, wenn es kühler ist. Sie hat uns gezeigt, wie man die Ponys richtig anbindet, wo alle Sachen hingehören, damit wir nichts herumliegen lassen, woran sich jemand verletzen könnte und was man zum Reiten anziehen kann.

Dann hatten wir unsere erste Spring-stunde. Ich war unheimlich aufgeregt! Wir haben die Ponys etwa zwanzig Minuten in allen Gangarten warmgeritten. Als wir dann anhielten, um unsere Steigbügel kürzer zu schnallen, wurde Georgia ganz blass. Sie hatte Angst, dass Sally sofort den ganzen Parcours aufbauen würde. Aber Sally hat uns erklärt, dass wir zuerst mit Trabstangen und einzelnen Hinder-nissen anfangen würden, und da hat sich Georgia wieder beruhigt.

Wir sind also zuerst über Stangen

getrabt und haben dann an der langen Seite den Springsitz geübt, was ziemlich schwierig war. Camillo hat es gefallen, weil ich ihn in dieser Haltung nicht so gut steuern kann. Das hat er sofort dazu ausgenutzt, die Ecken abzuschneiden und quer über den Platz zu laufen!

Dann hat Sally einen einfachen Kreuzsprung aufgebaut, den wir aus dem Trab angeritten sind – bis auf Millie, weil Tally sofort im Galopp darauf zugestürmt ist. Nach ein paar Versuchen sollten wir aus dem Trab springen, nach der Landung angaloppieren und uns im Galopp wieder der Gruppe anschließen. Beim ersten Versuch hat Camillo wieder die Ecke abgeschnitten, aber dann habe ich mein inneres Bein fest angedrückt und da

musste er sich benehmen. Ich muss
schon bei einem einzigen Hindernis an
so vieles denken, dass ich keine Ahnung
habe, wie ich einen ganzen Parcours
schaffen soll!

Schließlich sind wir den Sprung aus
dem Galopp angeritten und Camillo hat
wieder die Ecke abgeschnitten, bevor ich
überhaupt Zeit zum Nachdenken hatte.
Das hat mich so geärgert, dass ich am
liebsten abgestiegen wäre. Anscheinend
hat man mir das angesehen, denn
Sally rief mir zu: „Er kann das, Clara,
aber er testet jetzt erst einmal aus, was
er sich bei dir erlauben kann. Reite eine
Zirkelrunde und versuch es noch mal!"
Als ich dann erneut gesprungen bin, rief
sie lobend: „Wenigstens hast du ihn auf

der kurzen Seite ganz gut am Zaum gehalten!" Aber ich wette, es sah ziemlich unmöglich aus.

Zum Abschluss der Stunde sind wir eine Kombination gesprungen und der zweite Sprung war eine gerade aufgelegte Stange. Camillo hat es ganz

ordentlich gemacht, wenn er auch nur mit Mühe die Höhe geschafft hat. Karuso dagegen ist mühelos

Nicht fair!

über die Hindernisse geflogen und ich war wieder eifersüchtig. Ich wette, Bella wird eine Nullfehlerrunde reiten, ohne sich auch nur Mühe geben zu müssen. Wahrscheinlich ist es ihr sogar vollkommen egal, ob sie Fehler macht oder nicht. Ich wette, ihr Vater wird total begeistert von ihr sein, egal wie sie abschneidet. Es ist wirklich nicht fair, dass ich Karuso so dringend brauche und nicht haben kann!

Oh, ich wünschte, ich wäre nicht so neidisch. Es ist ja nicht Bellas Schuld, dass sie Karuso bekommen hat und nicht ich. Ich werde mir ab jetzt die größte Mühe geben, mit Camillo zufrieden zu sein.

Verpatzter Unterricht

Gestern Abend war ich nach zwei Reitstunden und dem Schwimmen vollkommen erledigt. Aber obwohl wir alle sehr müde waren, haben wir noch eine Ewigkeit gekichert, weil Bella uns von einem Jungen aus ihrer Straße erzählt hat, der unbedingt mit ihr ausgehen will. Bella und Georgia sind wirklich super- nett – ich bin froh, dass ich mir ein Zimmer mit den beiden teile.

Heute Morgen haben wir im Unterricht über das Sattelzeug gesprochen und darüber, wie man richtig sattelt und auftrenst. Das meiste wusste ich zwar schon, aber es war interessant, die verschiedenen Gebisse zu sehen. Diesmal hat Lydia die Stunde gehalten und sie hat das Satteln an Sukis süßem Falben Tamino vorgeführt. Dann hat sie uns gebeten, auch Karuso und Sancho zu holen. Also haben wir schließlich an drei Ponys geübt, was klasse war, weil ich so bei Karuso sein und ihn dauernd streicheln konnte.

Beim Reiten stand heute Dressur auf dem Stundenplan, denn Sally glaubt, dass uns das beim Springen hilft. Anscheinend sind die drei wichtigsten Dinge, die man zum Springen braucht, Gleichgewicht, Schwung und Rhythmus. Am liebsten hätte ich gerufen: „Und man braucht ein Pony, das einem zuhört und seine Hufe hochkriegt!" Aber ich habe es lieber gelassen, weil Sally auch streng sein kann und ich nicht wollte, dass sie wütend wird. Sie wäre bestimmt nicht mehr so freundlich zu mir, wenn sie wüsste, dass ich Bella um Karuso beneide.

Wir sind also Unmengen von Wendungen und Zirkeln geritten, mussten schnurgerade über die Mittellinie und durch die ganze Bahn reiten und haben immer wieder Übergänge geübt, weil Sally sagt, dass die den Schwung fördern. Dann waren Achterfiguren an der Reihe mit einem Galoppwechsel in der Mitte – den müssen wir zweimal machen, wenn wir unseren Springparcours reiten. Anfangs wollte Camillo einfach weiterlaufen und dachte gar nicht daran zu wenden. Außerdem wollte er nach dem kurzen Stück Trab nicht wieder angaloppieren. Das hat mich so geärgert, dass ich die Gerte benutzt habe.

„Denk an deine Beine, Clara!", rief Sally sofort. „Du kannst nicht einfach nur so auf Camillos Rücken sitzen und ihm dann die Schuld geben, wenn er nicht angaloppiert!"

Ich sehr empört!

Ich war empört. Ich hatte nicht einfach nur dagesessen, sondern Camillo angetrieben wie verrückt! Bei Bella klappt es mit dem Galopp immer sofort. Das macht mich echt wütend. Sally denkt bestimmt, dass ich total unfähig bin. Aber wenn ich Karuso hätte, würde sie sehen, dass ich wirklich reiten *kann* und dass ich meine Beine richtig einsetze.

Was kann ich denn dafür, dass Camillo so stur ist und sich weigert, richtig auf mich zu hören?

Ich war so genervt, dass ich nach dem Reiten ziemlich patzig war, obwohl ich das gar nicht sein wollte. Bella und ich hatten unsere Ponys nebeneinander angebunden, um sie abzusatteln und zu putzen. Jedes Pony hat sein eigenes Putzzeug, aber in Karusos Putzkasten fehlte eine Bürste und Bella fragte, ob sie die von Camillo benutzen könnte. Eigentlich wollte ich Ja sagen, aber aus irgendeinem Grund kam ein riesiges NEIN! aus meinem Mund.

„Aber du benutzt sie doch gar nicht",

sagte Georgia verblüfft, die zu uns herübergekommen war.

Ich spürte, wie ich rot wurde, genauso wie jedes Mal, wenn Sally mich korrigiert. „Wollte ich aber gerade", murmelte ich. Bella und Georgia sahen mich mit einem merkwürdigen Blick an.

Ich wünschte, ich hätte nicht Nein gesagt. Aber da ich nicht wusste, wie ich aus dieser Lage anders wieder herauskommen sollte, schnappte ich mir die Bürste, benutzte sie hastig und wollte sie dann an Bella weitergeben. Aber da hatte Georgia ihr schon ihre Bürste geliehen und ich stand wie eine alte Zicke da. Wie peinlich!

Zum Glück redeten wir beim Mittagessen nicht mehr darüber und als wir bei Obst und Joghurt angekommen waren, war wieder alles in Ordnung. Trotzdem muss ich aufpassen, sonst merkt Bella, dass ich wegen Karuso neidisch bin.

Der Parcours

Bevor wir unsere Ponys für die zweite Springstunde geholt haben, hat Sally uns auf den Reitplatz gerufen. Sie meinte, sie hätte eine Überraschung für uns. Als wir am Zaun standen, staunten wir nicht schlecht. Sally hatte den ganzen Parcours aufgestellt! Vier Hindernisse waren schon aufgebaut und anstelle der anderen vier hatte sie Trabstangen ausgelegt. Wir sind den Platz abgeschritten und Sally hat bei jedem Hindernis erklärt, wo die Schwierigkeiten liegen und wie man es am besten anreitet. Wenn alle Sprünge stehen, wird der Parcours so aussehen:

Unser Springplatz

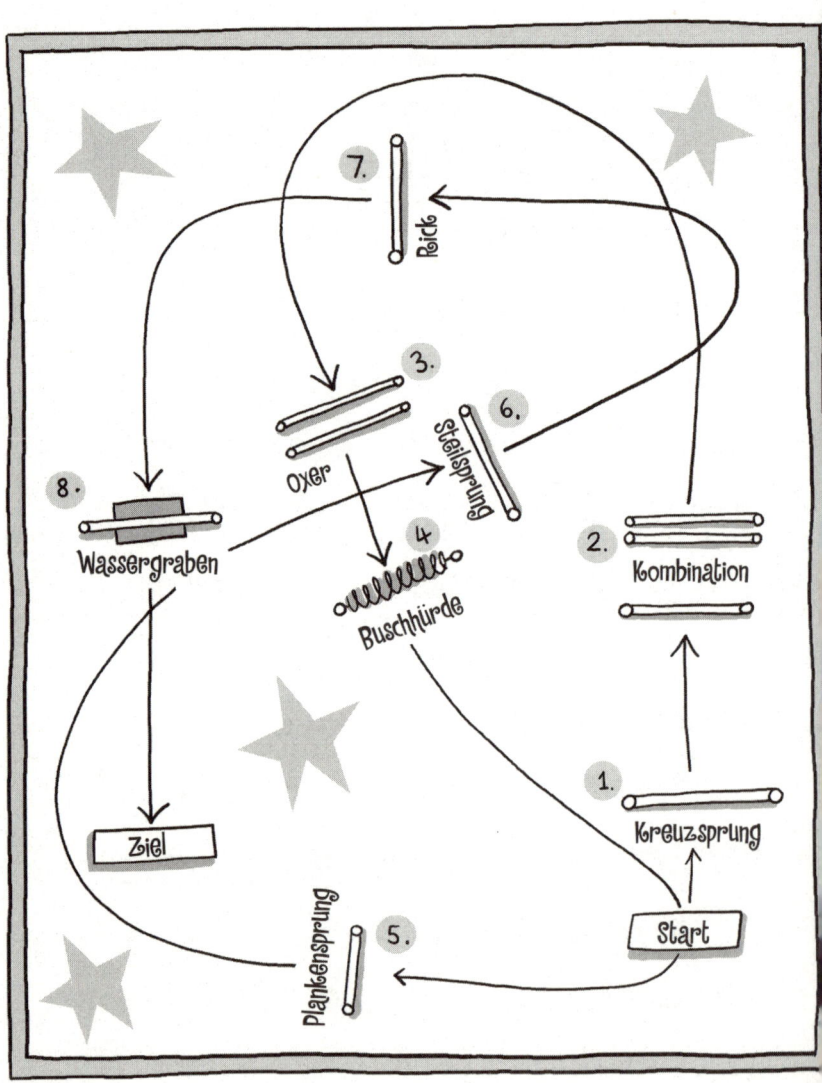

Heute Nachmittag waren nur der Kreuzsprung, die Kombination am Anfang, der
Oxer und die Buschhürde in der Mitte aufgebaut. Wir sollten über die Trabstange
reiten, wo beim Turnier das Rick stehen
wird und dann den Oxer anreiten. Jetzt
weiß ich, warum Sally beim Dressurreiten
so darauf bestanden hat, dass Camillo
die Ecken nicht abschneidet. Die
Wendung ist nicht einfach und ich
brauche den ganzen Weg, um fehlerfrei
über die Hindernisse in der Mitte zu
kommen. Man muss den Oxer genau
mittig anreiten, denn wenn das Pony zu
früh abspringt, reißt es die hintere Stange
herunter.

Millie und ich schneiden immer noch
die Ecken ab. Deshalb hat Sally einen

Hindernisständer aufgestellt, um den wir herumreiten sollten. Tally hat das sofort kapiert, aber Camillo ist zweimal auf der falschen Seite daran vorbeigelaufen. Sally hat es mich wiederholen lassen, bis es geklappt hat. Als es endlich so weit war, hatte ich mein inneres Bein schon so lange fest angepresst, dass ich das Gefühl hatte, meine Wade würde gleich explodieren!

Nach einer halben Ewigkeit haben Camillo und ich es endlich geschafft, über die Buschhürde zu kommen und danach auch endlich richtig anzugaloppieren. Wir sind sogar perfekt um die Kurve gekommen und genau über die Mitte der Stange, wo später der Plankensprung stehen wird.

290

„Also ehrlich, Camillo", sagte ich, als wir die Ponys zum Abkühlen am langen Zügel ritten, „konntest du das nicht gleich richtig machen? Bis zum Turnier haben wir noch so viel zu tun und ich habe eine ganze Stunde damit verschwendet, dir beizubringen, die Ecken nicht abzuschneiden. Du bist wirklich unmöglich!"

„Nein, Clara, das ist er nicht", hörte ich jemanden sagen. Ich schaute auf und sah Sally, die alles gehört hatte. Ich wurde schon wieder rot und versuchte zu erklären: „Es ist nur so, dass mein Papa am Freitag kommt und ich ihm einen Null-Fehler-Ritt versprochen habe. Aber Camillo hört bei den Wendungen nicht auf mich und ich bin sicher, dass er den Plankensprung reißen wird und ich habe keine Ahnung, wie ich ihn nach der Buschhürde wieder in den Trab kriegen soll, um den Galoppwechsel zu machen, und …"

Ich verstummte, weil Sally mich ärgerlich ansah. „Clara!", ermahnte sie mich. „Der arme Camillo gibt sein Bestes. Du musst an eurer Verständigung arbeiten und ihm viel entschiedener sagen, was er tun soll. Wenn du in der scharfen Kurve nach vorn geschaut hättest, hätte er viel schneller begriffen, was du von ihm erwartest. Es stimmt, dass er noch nicht viel Erfahrung im Springen hat, aber er gibt sich große Mühe und er wird es lernen."

„Ich weiß, aber es kommt mir trotzdem
ungerecht vor, dass ich so hart arbeiten
muss, während einige andere Ponys alles
auf Anhieb richtig machen –", begann
ich, doch Sally fiel mir ins Wort.

Wir wussten beide ganz genau, wen
ich mit *einige andere Ponys* gemeint
hatte.

„Aber du sitzt nicht auf diesen anderen Ponys", sagte sie streng. „Ich habe
dir Camillo gegeben, weil ich dachte,
dass du das Beste aus ihm herausholen
kannst. Das glaube ich immer noch,
Clara, aber dafür müsst ihr als Team
zusammenarbeiten und eine echte
Partnerschaft aufbauen, so wie Bella
es mit Karuso getan hat."

Das hatte gesessen.

„Pass auf, dass du auf einen Null-Fehler-Ritt nicht so versessen wirst, dass du dich selbst daran hinderst, dein Ziel tatsächlich zu erreichen", meinte Sally noch.

Sie klopfte Camillo den Hals und ging. Ich starrte hinter ihr her. Sogar jetzt, wo ich Zeit habe, darüber nachzudenken, habe ich keine Ahnung, was sie damit gemeint hat. Wie kann ich mich selbst daran hindern, etwas zu erreichen, das ich unbedingt will? Das ergibt doch keinen Sinn.

♘ ♡ ♘

Heute nach dem Abendessen gab es ein Tischtennisturnier. Während Bella und  Georgia gegeneinander gespielt haben, bin ich schnell in den Stall gehuscht und habe

Karuso besucht. Ich habe eine Ewigkeit an seiner Box gestanden, ihn
gestreichelt und ihm erzählt, wie sehr
ich mir wünschte, dass er mein Pony
wäre.

Ein bisschen gemein kam ich mir
dabei vor, denn Camillo war noch nicht
auf die Koppel gebracht worden und
stand in seiner Box und fraß Heu. Ich
wette, er hat mich gesehen, aber ich
bin nicht zu ihm gegangen. Ich hätte es
getan, wenn ich Zeit dazu gehabt hätte.

Vielleicht. Aber ich hatte auch irgendwie keine Lust dazu.

Das Tischtennisturnier war lustig. Millies älterer Bruder Tommy hat es zusammen mit seinem Dad organisiert. Millie hat das Turnier gewonnen, aber sie hat gesagt, dass die Zweite den Sieger-preis bekommen soll, weil sie schließlich immer hier ist und dauernd spielt. Also hat Mai die DVD mit einem Pferdefilm gewonnen. Wenn sie wieder im Internat ist, will sie ihre Hauslehrerin fragen, ob sie sich den Film mit der ganzen Klasse ansehen darf. Sie und Suki gehen aufs Internat, weil ihre Eltern oft in Japan sind. Aber die beiden scheinen daran gewöhnt zu sein, ihre Eltern selten zu sehen, denn sie vermissen sie anscheinend nicht sehr.

Ich bin nicht daran gewöhnt und nachdem ich aus dem Tischtennisturnier rausgeflogen war, wollte ich plötzlich unbedingt mit meiner Mama sprechen. Josie hat mich zu Hause anrufen lassen. Papa war am Telefon, er war gerade von der Arbeit gekommen. Die gute Nachricht war, dass er mit ziemlicher Sicherheit zu unserem Turnier am Freitag kommen wird. Die schlechte Nachricht war, dass er gleich fragte: „Und bekomme ich dann den Null-Fehler-Ritt zu sehen, den du mir versprochen hast?"

„Logisch", sagte ich schnell, aber in meinem Magen kribbelte es unange-

297

nehm. Dann kam Mama ans Telefon und ich erzählte ihr all die guten Sachen, die ich bisher erlebt hatte, aber nichts von meiner Eifersucht auf Bella und Karuso. Ich möchte nicht, dass sie sich Sorgen macht und das Gefühl hat, ich wäre hier nicht glücklich.

Auf jeden Fall muss ich mich mehr anstrengen, was diesen Null-Fehler-Ritt angeht. Bis zum Turnier sind es noch drei Tage – morgen werde ich mir mehr Mühe mit Camillo geben und dann klappt es hoffentlich!

Ein schrecklicher Tag

Heute ist etwas Furchtbares passiert. Unsere Dressurstunde am Vormittag lief prima und der Unterricht über Ponyfütterung und die einzelnen Körperteile des Ponys hat viel Spaß gemacht. Aber die Springstunde am Nachmittag war eine einzige Katastrophe.

Alles ist schiefgegangen – und zwar *total* schief. Ich habe mich mit Bella und Georgia zerstritten. Und das Schlimmste daran ist, dass es meine Schuld ist.

Als wir am Nachmittag auf den Reitplatz kamen, waren alle acht Hindernisse aufgebaut und mein Magen hat vor Aufregung Purzelbäume geschlagen. Aber

bevor wir den ganzen Parcours reiten
durften, haben wir uns ausführlich mit
dem letzten Hindernis beschäftigt, dem
Wassergraben.

Sally hat
erklärt, dass
der Wassergraben

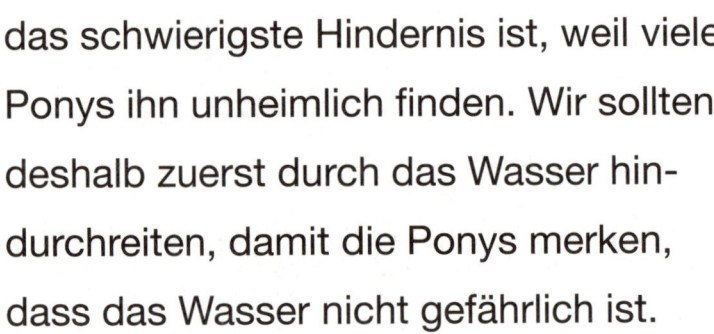

das schwierigste Hindernis ist, weil viele
Ponys ihn unheimlich finden. Wir sollten
deshalb zuerst durch das Wasser hin-
durchreiten, damit die Ponys merken,
dass das Wasser nicht gefährlich ist.

Karuso hat das Wasser nicht die Bohne
gestört und auch Tally ist ohne Zögern
durchs Wasser gegangen. Selbst Prinz ist
durchmarschiert.

Aber Camillo nicht.

Erst beim zweiten Versuch hat er sich

getraut und einen Moment lang dachte ich, dass damit alles in Ordnung wäre. Aber als Sally die Absprungstange aufgebaut hatte – und noch dazu viel niedriger, als sie am Freitag sein wird –, hat er sich geweigert zu springen. Er hat immer so getan, als würde er gleich springen und ist dann im letzten Augenblick seitlich ausgewichen, ohne dass ich etwas dagegen tun konnte. Nach ein paar Versuchen hatte ich das Gefühl, allen anderen die Zeit zu stehlen und musste wieder heftig blinzeln, um nicht in Tränen auszubrechen. Sally meinte, dass Camillo wahrscheinlich deshalb am Sprung vorbeiläuft, weil das Hindernis so schmal ist. Sie sagte: „Reite energisch vorwärts und richte den Blick auf das

Ziel. Du siehst immer ängstlich runter auf das Wasser und dadurch bestärkst du ihn darin, dass es etwas Unangenehmes sein muss."

Am liebsten hätte ich sie angefaucht, dass ich schon längst alles tat, was ich konnte, aber das habe ich dann doch lieber gelassen. Ich versuchte also, nach vorn zu sehen und Camillo energisch anzutreiben, aber auch das hat nicht funktioniert. Da wurde ich sauer und bin den Wassergraben in einem viel zu hohen Tempo angeritten und als Camillo diesmal ausbrach, landete ich im Sägemehl.

Alle haben gelacht. Jetzt weiß ich, dass sie es nicht böse gemeint haben, aber als es passiert ist, fühlte ich mich schrecklich. Ich stand auf und klopfte meine Klamotten ab, dabei sah ich niemandem in die Augen. Ich bin wieder aufgestiegen und habe mich an letzter Stelle eingereiht, obwohl ich am liebsten ins Haus gerannt und ins Bett gesprungen wäre, um mich unter der Bettdecke auszuweinen. Ich hatte geglaubt, dass nur der Plankensprung meinem Null-Fehler-Ritt gefährlich werden könnte. Aber jetzt wurde mir klar, dass der Wassergraben ein noch größeres Problem war und meine Laune sank auf den Nullpunkt. Dass Karuso mühelos über alles hinwegflog und Sally ständig „Gut geritten, Bella!" sagte, verbesserte meine Stimmung auch nicht gerade.

Dann wurde es noch schlimmer. Wir

haben versucht, die letzten Hindernisse in Folge zu springen, aber ich kam nicht über den Wassergraben. Bella bot an, mit Karuso vorwegzureiten, damit Camillo sah, wie ungefährlich es war, und ihm vielleicht nachsprang. Ich kam mir total blöd vor, als wollte sie nur angeben und mir zeigen, was für eine schlechte Reiterin ich bin. „Nein, danke, nicht nötig", murmelte ich, ohne sie anzusehen. Inzwischen weiß ich, dass sie es nur nett gemeint hat, aber jetzt ist es zu spät, das zurückzunehmen, was danach passiert ist.

Damit die Stunde mit einem Erfolg endete, ließ Sally uns alle noch einmal einen der kleinen Steilsprünge springen. Ich fühlte mich trotzdem kein bisschen erfolgreich. Als wir die Ponys nach dem Unterricht trocken ritten, kochte ich immer noch vor Wut über Bella.

Auf dem Hof saß sie direkt hinter mir ab und als ich ihr glückliches Lächeln sah, habe ich sie angefaucht: „Du wolltest doch nur vorwegspringen, damit alle denken, dass ich total unfähig bin! Du hältst dich wohl für die beste Reiterin von allen, aber eigentlich macht Karuso alles von  allein. Es ist nicht fair, dass du ihn als Pony hast und ich mich mit Camillo abmühen muss!"

Und dann bin ich mit Camillo davon-
marschiert, um ihn abzusatteln. Ich bin
nicht einmal lange genug geblieben,
um auf eine Erwiderung von Bella zu
warten.

Mir schlug das Herz bis zum Hals und
ich fühlte mich schrecklich – wie hatte ich
nur so etwas Gemeines sagen können?
Alles war schrecklich schiefgegangen
und am liebsten hätte ich meine Mutter
angerufen und sie gebeten, mich
abzuholen.

Dann kamen Olivia und Assia zu mir,
die ziemlich bedrückt aussahen. „Bella
weint", verkündete Assia.

Nur zu gern wäre ich weggerannt, aber
ich zwang mich, den beiden zu folgen.
Als ich zu Karusos Box kam, hatte Geor-

gia den Arm um Bella gelegt
und Suki, Mai und Joelle
standen besorgt um sie
herum.

Aber bevor
ich etwas sagen
konnte, sah mich Georgia so eisig an,
dass ich zu zittern begann. „Wie kannst
du nur so gemein zu Bella sein, wo sie dir
doch nur helfen wollte?", zischte sie.

Auch die jüngeren Mädchen starrten
mich verständnislos an. Ich fühlte mich
furchtbar und wünschte, der Boden würde
sich auftun und mich verschlucken.
Es gab nur einen Weg, alles zu erklären –
ich musste die Wahrheit sagen. Ich holte
tief Luft. „Bella, es tut mir leid", begann
ich. Georgia schnaubte verächtlich,

aber ich ballte die Fäuste und sprach weiter.

„Es ist nur so, dass ich mir so sehr gewünscht habe, Karuso als Pony für diese Woche zu bekommen", gab ich zu. „Ich habe versucht, mir nichts anmerken zu lassen, aber als ich so heftig mit Camillo zu kämpfen hatte, musste ich die ganze Zeit daran denken, was wäre, wenn ich Karuso bekommen hätte … Ich wollte nicht eifersüchtig sein und habe mein Bestes getan, es mir nicht anmerken zu lassen –"

Da unterbrach mich Georgia. „Das Gemeinste ist, dass du die ganze Zeit so getan hast, als wärst du Bellas Freundin", fauchte sie.

„Aber wir *sind* Freundinnen!", rief ich.

Ich wollte Bella in die Augen sehen, damit sie mir glaubte. Aber ich konnte nur einen kurzen Blick auf ihr verweintes Gesicht erhaschen, bevor sie es wieder an Georgias Schulter vergrub.

„Schon gut, Bella, wir sind deine richtigen Freundinnen. Vergiss Clara einfach", sagte Georgia. „Komm mit – wir werden nicht gemein zu dir sein." Mit diesen Worten führte sie Bella in Richtung Haus. Die anderen folgten ihnen und warfen mir ziemlich finstere Blicke zu. Da fing ich an zu weinen und rannte in die Küche. Ich wollte nach oben flüchten, aber Josie stand an der Spüle und unterhielt sich mit Millie. Als sie mein Gesicht sah, bat sie mich an den Küchentisch und fragte, was los sei. Während ich ihr

schluchzend alles erzählte, wurde mir
klar, dass ich so mit Karuso beschäftigt
gewesen bin, dass ich Camillo nie eine
Chance gegeben hatte. Es kam mir vor,
als wäre ich zu ihm genauso gemein
gewesen wie zu Bella und das brachte
mich noch mehr zum Weinen.

Jetzt kann ich auch verstehen, warum
Georgia so wütend auf mich war. Nach
allem, was heute passiert ist, muss
sie mich für eine schreckliche Person
halten. „Es
tut mir leid", *Tut mir leid!*
schniefte
ich, „aber Bella
will jetzt bestimmt nicht
mehr meine Freundin sein."

Millie brachte mir ein paar Orangenplätzchen, obwohl es gleich Abendessen gab, und Josie drückte mich ganz fest und sagte: „Ich bin sicher, dass Bella tief in ihrem Inneren weiß, dass du es nicht so gemeint hast. Du kannst dich nachher noch einmal bei ihr entschuldigen. Lass ihr nur etwas Zeit, sich wieder zu beruhigen, dann klappt es bestimmt. Was hältst du davon, mir beim Tischdecken zu helfen?"

Diese Aufgabe übernahm ich gern. Allerdings fürchtete ich mich davor, die anderen Mädchen beim Abendessen zu sehen, aber Millie setzte sich neben mich und niemand sagte etwas Gemeines zu mir. Ich versuchte ein paarmal, Bella zuzulächeln, aber sie wollte mich immer noch nicht ansehen. Georgia lächelte ich lieber nicht an, denn wenn sie mich noch einmal so eisig angestarrt hätte, wären bei mir wieder die Tränen geflossen.

Ich war froh, dass ich an diesem Abend Tischdienst mit Millie hatte. Nachdem wir die Küche aufgeräumt hatten, musste sie an ihrer Schularbeit weiterschreiben. Ich setzte mich zu ihr. Eigentlich hätte ich ins Wohnzimmer gehen und mir mit den anderen einen Film ansehen können, aber dazu hatte ich keine Lust. Es gab außer Bella noch jemanden, bei dem ich mich entschuldigen musste, und das konnte nicht bis morgen warten – nicht einmal mehr eine Minute länger.

Ich habe Josie gefragt und sie hat mir erlaubt, auf die Koppel zu gehen. Ich sollte aber zurückkommen, wenn Lydia mit

ihrer Arbeit dort fertig wäre. Josie hat mir
sogar eine Möhre aus dem Kühlschrank
mitgegeben.

Vorhin habe ich mich bei Millie versteckt.
Ich habe versucht, so lange wie möglich
in ihrem Zimmer zu bleiben, nachdem
das Licht schon aus war und habe mich
am Fußende ihres Bettes unter der Decke
verkrochen. Aber als Josie ihre Runde
machte, um allen gute Nacht zu sagen,
hat sie mich erwischt und in mein Zimmer
geschickt. Zum Glück haben Bella und
Georgia schon geschlafen.

Camillo und ich sind jetzt Freunde.
Er kam sofort zum Koppelzaun, als ich
ihn rief. Ich habe ihn gestreichelt und
mich dafür entschuldigt, dass ich so

gemein gewesen war und mich mehr um Karuso gekümmert hatte, obwohl doch eigentlich er mein Pony ist. Ich habe seine Mähne verwuschelt und geflüstert: „Camillo, es tut mir leid, dass ich dir die Schuld dafür gegeben habe, dass wir so schlecht gesprungen sind. Ich hätte uns als Team betrachten und dich besser reiten sollen, um dir Mut zu machen."

Camillo sah mich mit seinen großen dunklen Augen an und ich bin sicher, dass er jedes Wort verstanden hat. „Ich habe dir eine Möhre mitgebracht, um dir zu zeigen, wie leid es mir tut." Als ich ihm die Möhre hinhielt, hat er sie gleich aufgefressen, also weiß ich, dass jetzt zwischen uns alles in Ordnung ist.

Ich wünschte, ich könnte auch Bella

314

eine Möhre hinhalten

und dann würde sie mich

wieder mögen. Wahrscheinlich

muss ich sie jetzt Isabella nennen, weil

nur ihre Freunde sie Bella nennen dürfen

und ich jetzt vielleicht nicht mehr ihre

Freundin bin. So ein Mist! Ich hoffe nur,

dass Josie recht behält und morgen

wirklich alles wieder gut wird.

Die Schatzsuche

Es gibt gleich noch eine kleine Stärkung, und dann fängt die Schatzsuche an. Der Tagesplan, den Josie mir gegeben hat, stimmt heute wieder nicht, denn statt der Vormittagsreitstunde hat Sally uns ein paar Dinge erklärt, die wir für die Schatz-suche brauchen werden.

Ich dachte, sie würde uns erzählen, wie man die Hinweise entschlüsselt, aber stattdessen ging es um das Verhalten im freien Gelände, um Erste Hilfe, um das Anlegen von Gamaschen und Bandagen und darum, was man tut, wenn man sich auf dem Ausritt verirrt. Ich habe Camillos Beine bandagiert, weil Sally meinte, dass wir vielleicht durch den Wald reiten müssen und wir auf alles vorbereitet sein sollten. Wir haben den Ponys die Stallhalfter über der Trense angelegt und ihnen einen Führstrick um den Hals geknotet, damit wir unterwegs picknicken können, ohne dass uns die Ponys weglaufen. Als alles fertig war, habe ich Camillo gelobt und ihm gesagt, wie toll er aussieht.

Ein paarmal habe ich Bella vorsichtig zugelächelt und Georgia hat mich nicht wütend angefunkelt. Es ist also wenigstens ein bisschen besser als gestern. Die anderen Mädchen haben unseren Streit anscheinend schon vergessen, denn als ich Assia half, Sanchos Beine zu bandagieren, und

Olivia gezeigt habe, wie man die Gamaschen anlegt, haben die beiden mit mir geredet, als wäre nie etwas gewesen.

Josie hat uns für die Schatzsuche in drei Gruppen eingeteilt. Ich bin zusammen mit Isabella und Joelle in ihrer Gruppe. Als sie die Einteilung vorlas, hat Josie mir unauffällig zugezwinkert. Sie hat Isabella und mich also mit Absicht in eine Gruppe gesteckt, damit wir uns wieder versöhnen können. Hoffentlich klappt es!

Neuigkeit Nummer eins: Bella und ich haben uns wieder vertragen!

Neuigkeit Nummer zwei: Unsere Gruppe hat die Schatzsuche gewonnen! Genau genommen hat ein bestimmtes

Pony sie gewonnen, aber dazu komme ich noch.

Vor unserem Aufbruch zur Schatzsuche hat Sally jedem Team eine Karte und den ersten Hinweis gegeben. Sie hat erklärt, dass alle drei Gruppen unterschiedliche Hinweise bekommen und auch verschiedene Strecken reiten, dass wir uns dann aber alle am selben Ort treffen würden, um nach dem Schatz zu suchen. Unsere Teamchefs bekamen Satteltaschen mit Essen, einer Wasserflasche, einem Handy und den Erste-Hilfe-Sachen. Lydia hat dann noch knallgelbe Westen verteilt, die wir über unsere Reitsachen ziehen sollten, damit uns kein Autofahrer übersieht.

Bevor es losging, schärfte uns Sally ein, dass wir alle eine halbe Stunde Mittagspause machen müssten, damit die Ponys sich erholen könnten. Unser Team verzog sich mit Josie in die Küche, um den ersten Hinweis zu entschlüsseln, dann holten wir die Ponys und ritten los.

Jans Team war schon weg, aber das von Sally war noch auf dem Hof. Wir hatten herausgefunden, dass wir zu der Kirche in einem nahe gelegenen Dorf mussten, das auf der Karte eingezeichnet war. Eine Zeit lang ritten wir an der Straße entlang, konnten dann aber auf einen Feldweg abbiegen. Aufgeregt plapperten wir durcheinander und obwohl Bella mich nicht direkt ansprach, ignorierte sie mich wenigstens nicht. Nach einer Weile fühlte ich mich in ihrer Gegenwart nicht mehr ganz so komisch. Wir trabten flott voran und als wir an einen schönen breiten Weg kamen, der etwas bergauf führte, haben wir Josie überredet, uns galoppieren zu lassen, um einen kleinen Vorsprung zu bekommen.

„Also gut", willigte sie lächelnd ein. „Millie und ihr Vater rasen mit ihrem Team wahrscheinlich wie die Wilden, wir können versuchen, mit ihnen mitzuhalten."

Den Hügel hochzugaloppieren war traumhaft. Ich konnte spüren, wie gut es Camillo gefiel, ausnahmsweise mal nicht auf dem Reitplatz seine Runden drehen zu müssen.

Nach etwa einer halben Stunde hatten wir die Kirche erreicht und fanden den nächsten Hinweis. Er war an der Nachrichtentafel vor dem Eingang angeheftet. Ich saß ab und hielt Joelles Pony fest, während sie losrannte, um den Zettel zu holen.

Das stand darauf:

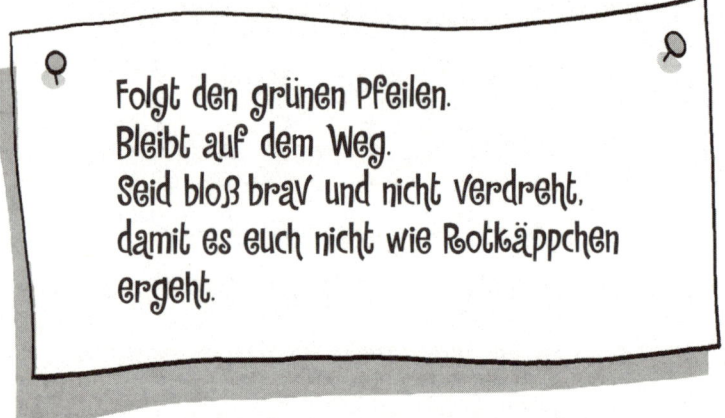

Folgt den grünen Pfeilen.
Bleibt auf dem Weg.
Seid bloß brav und nicht verdreht,
damit es euch nicht wie Rotkäppchen
ergeht.

„Wer das geschrieben hat, ist ein lausiger Dichter", stellte ich kichernd fest. Es freute mich, dass Bella mit mir kicherte.

„Oh, vielen Dank!", rief Josie und tat so, als wäre sie beleidigt.

„*Du* hast das geschrieben?", rief ich. „Dann kennst du also die Lösung?"

Sie nickte, aber natürlich sagte sie uns nicht, wohin wir als Nächstes mussten und half uns auch nicht beim Entschlüsseln des Rätsels.

Wir scharten uns um die Karte und den Zettel. Nach einer Weile rief Bella: „Ich hab's! Im Märchen heißt es doch, dass Rotkäppchen auf ihrem Weg durch den Wald nicht vom Weg abweichen soll." Sie zeigte auf den Wald, der in der Karte eingezeichnet war. „Ich wette, wenn wir zum Waldrand reiten, finden wir da grüne Pfeile, vielleicht an den Bäumen. Und wenn wir nicht vom Weg abweichen, werden wir auch den nächsten Hinweis entdecken."

„Bella, du bist genial!", jubelte ich.

„Danke", sagte sie lächelnd, aber dabei sah sie mich immer noch nicht an.

„Wenn ihr denkt, dass das die Lösung ist, lasst uns aufbrechen", meinte Josie.

„Ist es denn richtig?", fragte Bella. Aber Josie tat so, als zöge sie an ihren Lippen einen Reißverschluss zu.

„Was meinst du, Camillo?", fragte ich und er hat tatsächlich in diesem Moment gewiehert, was alle zum Lachen brachte.

„Camillo glaubt auch, dass du recht hast", sagte ich zu Bella. Diesmal trafen sich unsere Blicke und da hatte ich das Gefühl, dass zwischen uns alles wieder so werden kann wie vorher.

Wir ritten zum Wald und tatsächlich, an einem Pfosten am Waldrand hing ein grüner Pfeil. Wir folgten dem Weg und mussten uns ein paarmal unter Ästen hindurchducken. Ich war froh, dass Camillo Bandagen trug, denn es wuchsen überall Brombeerranken. Nach einigen weiteren grünen Pfeilen kamen wir auf der anderen Seite des Waldes heraus und landeten auf einer kleinen Wiese, wo ein weiterer Zettel an einem Baum hing. Unser nächster Hinweis!

Josie schlug vor, dass wir jetzt unsere Mittagspause machen sollten. Obwohl wir natürlich am liebsten gleich weitergesucht hätten, waren wir alle ziemlich hungrig. Wir saßen ab, nahmen den Ponys die

Trensen ab und hakten die Führstricke
in die Halfter ein – so konnten sich die
Ponys ihr Mittagessen selbst rupfen.
Joelle musste mal und Josie ging mit ihr
zurück in den Wald, wo sie ungestört sein
würde. Bella und ich passten so lange
auf Bonny und Miro auf. Jetzt hatte ich
endlich die Gelegenheit, mit Bella zu
sprechen.

Ich war verlegen und wusste nicht, wie
ich anfangen sollte, aber plötzlich brach
alles aus mir heraus. „Es tut mir wirklich
sehr leid, dass ich so gemein zu dir war",
stieß ich hervor. „Ich wollte diese Woche
unbedingt Karuso bekommen, aber jetzt
habe ich mich mit Camillo angefreundet
und bin froh, dass er mein Pony ist
und es tut mir ehrlich leid, und …" Ich

verstummte, weil ich nicht wusste, was ich sonst noch sagen sollte. Ich rechnete damit, dass Bella mir sagen würde, dass sie mich nicht mehr mag und dass ich sie gefälligst in Ruhe lassen soll, aber zum Glück tat sie das nicht. Stattdessen sagte sie: „Schon gut, Clara. Ich verzeihe dir. Aber du weißt doch sicher, warum du Camillo bekommen hast und nicht Karuso, oder?"

Ich zuckte mit den Schultern. „Zufall, schätze ich."

„Aber nein, Clara!", rief sie. „Sally hält dich für eine gute Reiterin und hat dir deswegen ein schwierigeres Pony gegeben."

Ich war überrascht und fühlte mich geschmeichelt. „Danke", sagte ich, „aber ich fürchte, Sally hat mich für besser gehalten, als ich bin. Ich kriege Camillo einfach nicht dazu, über den Wassergraben zu springen. Morgen beim Turnier werde ich wohl im Badeanzug starten müssen, denn ich habe den Verdacht, dass ich baden gehen werde."

Da musste Bella lachen und zwischen uns war wieder alles in Ordnung. Wir gaben uns die Hand, um es zu besiegeln. Als Josie mit Joelle zurückkam, zwinkerte sie mir heimlich zu und sah richtig zufrieden aus.

Rätsel über Rätsel

Wir setzten uns ins Gras und aßen
unser Picknick – Eiersalat und Schinken-
brötchen und zum Nachtisch
eine Banane. Camillo schaffte
es natürlich, mir die Hälfte meiner Banane
wegzuschnappen! Beim Essen
überlegten wir, was der nächste
Hinweis zu bedeuten hatte. Auf dem
Zettel stand:

Wählt euren Weg nun mit Bedacht,
fair muss er sein, also gebt gut acht.
Schlagt ihr den falschen ein,
wird der Sieg nicht euer sein.

„Sehr hilfreich ist das nicht", stellte Bella fest und betrachtete auf der Karte die beiden Wege, die von der Wiese weg- führten. „Da steht nicht, welcher Weg fair ist. Wie sollen wir das jemals raus- finden?"

Ich grinste. Ich löse gern Kreuzwort- rätsel mit meiner Mama und darin wird oft nach einem anderen Wort für „fair" gefragt. Die Lösung ist „gerecht", was in unserem Fall nur „rechts" bedeuten konnte. „Es bedeutet, dass wir den rechten Weg nehmen sollen", erklärte ich. „Fair ist ein anderes Wort für ‚gerecht' und das klingt so ähnlich wie rechts. Wenn wir den linken Weg nehmen, wer- den wir den Schatz nie finden. Ich bin mir ziemlich sicher, dass das die Lösung ist."

„Clara, du bist einfach super", sagte Bella und ich wurde vor Freude ganz rot. Wir saßen wieder auf und ritten schwatzend im Schritt davon. Nachdem wir eine Ewigkeit keinen weiteren Hinweis gefunden hatten, wurden wir unruhig. Die anderen Teams waren möglicherweise schon viel weiter als wir und so trabten wir ab da. Zum Glück fanden wir schließlich doch den nächsten Zettel an einem Zaunpfahl. Diesmal lautete der Hinweis:

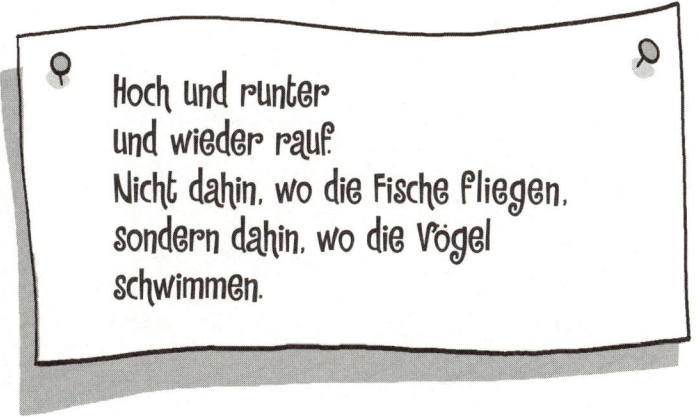

Hoch und runter
und wieder rauf.
Nicht dahin, wo die Fische fliegen,
sondern dahin, wo die Vögel
schwimmen.

Joelle prustete los. „Vögel schwimmen doch nicht!"

„Enten schon", sagte Bella und zeigte auf die Karte.

Wenige Kilometer entfernt war ein Dorf mit einem Ententeich eingezeichnet und schon waren wir unterwegs dorthin. Der Weg führte über einen Hügel, dann in ein Tal und hoch auf den nächsten Hügel, genau wie es in dem Hinweis gestanden hatte. Wir trabten die meiste Zeit und als wir an eine geeignete Strecke kamen,

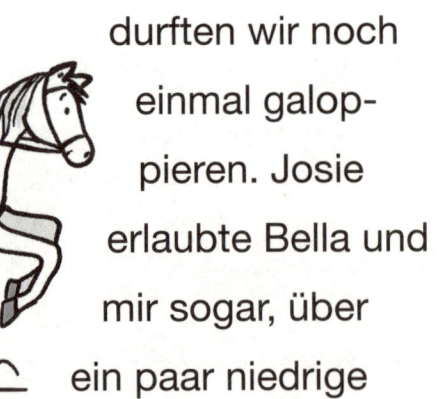

durften wir noch einmal galoppieren. Josie erlaubte Bella und mir sogar, über ein paar niedrige

Büsche zu springen. Es war toll, nur so zum Spaß zu springen und sich keine Sorgen um fallende Stangen oder Null-Fehler-Ritte machen zu müssen. Wir erreichten das Dorf recht schnell und entdeckten dort Jans Team. Der Schatz musste ganz in der Nähe sein. An einem Pfosten am Ententeich hing unser letzter Hinweis. Er lautete:

Etwas Rotes müsst ihr finden,
aber besser nicht husch, husch,
sonst überseht ihr, was hier fehlt
im ...

Wir hatten keine Ahnung, was die Pünkt-chen bedeuten sollten, aber ein Blick auf die Karte verriet uns, dass es mitten im

Dorf eine rote Telefonzelle gab. Bella und ich wollten sofort los, aber Josie rief uns zurück und ließ uns eine Reihe bilden. Sie wollte, dass wir dicht am Straßenrand ritten für den Fall, dass ein Auto käme, und ermahnte uns, vernünftig zu sein. Wir gehorchten, obwohl wir Jans Team auf die Telefonzelle zutraben sahen und ich am liebsten angaloppiert wäre, um vor ihnen dort zu sein. Dann entdeckten wir auch Sallys Team, das auf die Kirche zuhielt, um sich dort den letzten Hinweis abzuholen.

Als wir an der Telefonzelle ankamen, ging Suki gerade hinein. Ich war enttäuscht, dass wir verloren hatten, aber dann kam Suki mit leeren Händen heraus! „Da drin ist nichts", sagte sie. „Sallys Team muss vor uns da gewesen sein."

Wir sagten ihr, dass wir Sally und die anderen an der Kirche gesehen hatten und dass sie noch nicht mal auf dem Weg zur Telefonzelle waren. Alle waren ratlos. Josie und Jan sahen sich grinsend an. Mir war inzwischen klar, dass sie nichts verraten würden, auch wenn wir noch so sehr bettelten und flehten. Gemeinsam sahen wir uns den Hinweis noch einmal an.

„Da steht, wir sollen nicht husch, husch machen. Damit ist bestimmt gemeint, dass wir nicht so schnell sein sollen", meinte Mai, „aber wir sind alle wie die Verrückten zu dieser Telefonzelle gerast. Vielleicht sollten wir darüber noch einmal nachdenken."

„Wie kann man übersehen, was hier fehlt?", murmelte Bella.

Einen Moment lang wusste ich darauf keine Antwort, aber dann hatte ich es. „Ein Wort fehlt", sagte ich. „So ergibt es ja keinen Sinn. Was reimt sich auf ‚husch'?"

„Kusch? Flusch? Darauf reimt sich nichts Gescheites!", rief Bella enttäuscht.

Ich suchte fieberhaft nach weiteren Worten, die sich auf „husch" reimten, aber Camillo hatte andere Pläne.

Er spazierte zur nächsten Hecke und ich zog an den Zügeln und versuchte, ihn wieder zu den anderen zurückzusteuern. „Camillo, lass das!", schimpfte

ich. „Kannst du nicht ausnahmsweise
auf mich hören? Wir sollen schließlich

 ein Team sein, schon

vergessen?"

Aber er steckte

seinen Kopf in die

Büsche und als es mir endlich gelang,
ihn aus dem Gestrüpp zu zerren, hatte er
eine Möhre im Maul. Ich brauchte ungefähr fünf Sekunden, bis mir einfiel, dass
Möhren nicht auf Hecken wachsen und
da musste ich lachen. „Hierher!", rief ich.
„Camillo hat den Schatz gefunden!" Ich
sprang ab und holte eine rote Schachtel
aus dem Gebüsch. Oben auf der Schachtel stand eine Schale mit Möhren
und Äpfeln für die
Ponys. Ich musste

die Schale schnell an Josie weitergeben, sonst hätte Camillo alles allein
verschlungen.

„Das fehlende Wort war ,Busch'!",
verkündete ich.

„Wir wussten, dass ihr auf die Telefonzelle hereinfallen würdet", sagte Jan.

„Wir hätten es viel schneller gelöst,
wenn die Reime besser gewesen wären",
gab Mai zurück und alle kicherten.

„Hört ihr wohl auf, über meine Reime
zu lästern! Ich habe eine Ewigkeit zum
Dichten gebraucht", beschwerte sich
Josie, aber dann lachte sie.

„Gut gemacht, Camillo", lobte ich und
schlang ihm die Arme um den Hals. „Du
hast den Schatz gefunden!" Er stupste
meinen Arm an, auch er freute sich.

Dann traf Sallys
Gruppe ein und
alle fragten, wer

den Schatz gefunden hatte.

„Das war Clara", verkündete Bella
strahlend.

Ich warf Georgia einen unsicheren Blick
zu, aber sie lächelte auch. Anscheinend
war sie froh, dass der alberne Streit
vergessen war, denn Bella hatte mir
offensichtlich verziehen – puh, was für
eine Erleichterung!

„Eigentlich hat Camillo den Schatz
gefunden", sagte ich.

„Mir scheint, da haben Pony und
Reiterin perfekt zusammengearbeitet",
meinte Sally und ich konnte gar nicht
mehr aufhören zu grinsen.

In der roten Schachtel waren für das Siegerteam drei Packungen mit tollem Pony-Briefpapier. Wir ließen Joelle als Erste wählen, weil sie die Jüngste ist, dann suchte ich mir das mit dem braunen Welshpony aus, weil es ein bisschen aussieht wie Camillo – nicht die Farbe, aber genauso frech. In der Schachtel waren auch Minischokoriegel für alle. Die anderen saßen ab, aßen ihre Schokolade und fütterten ihre Ponys mit den Äpfeln und Möhren. Camillo bekam natürlich nichts mehr, weil er sich bereits selbst bedient hatte. Ich streichelte ihn die ganze Zeit, damit er nicht das Gefühl hatte, gar nichts zu bekommen.

Schließlich steckte Josie unser Briefpapier in ihre Satteltasche und wir ritten
los – eine lange Reihe glücklicher Reiter
und Ponys, zwischen denen es nicht den
geringsten Streit gab.

Zurück auf dem Hof, musste ich
Camillos möhrenverschmierte Trense
gründlich abwaschen. Aber statt es eklig
zu finden, war ich dabei so glücklich wie
noch nie. Es war einfach toll, in der
Sonne zu sein, zusammen mit meinen
Freundinnen, und mein wundervolles
Pony zu versorgen. Ich wünschte, ich
könnte für immer hierbleiben und müsste
nie wieder nach Hause!

Vorfreude!

Gestern Abend bin ich sofort eingeschlafen. Ich habe ausgerechnet, dass
wir auf der Schatzsuche zwei Stunden
und zwanzig Minuten geritten sind –
kein Wunder, dass ich so müde war!

Trotzdem bin ich schon sehr früh
aufgewacht, heute ist das Springturnier.
Auf Zehenspitzen bin ich durchs Zimmer
geschlichen und habe mich angezogen,
aber selbst danach war es noch nicht
Zeit aufzustehen und da bin ich angezogen wieder ins Bett gegangen.

Bella und ich haben unser Briefpapier
mit Georgia geteilt, damit sie auch etwas
davon hat. Und dann haben wir uns über-

legt, dass wir es dazu benutzen werden, uns bei den Mitarbeitern von Liliengrün für die fantastische Woche zu bedanken. Ich kann noch gar nicht glauben, dass heute schon der letzte Tag ist. Diese Woche ist wirklich rasend schnell vergangen! Und zum Abschluss das Turnier – nicht zu fassen, dass es schon so weit ist. Zum Glück haben wir heute Vormittag noch eine Reitstunde zum Üben. Hoffentlich schaffe ich es, Camillo endlich richtig in den Griff zu bekommen. Mein Papa erwartet einen fehlerlosen Ritt und es wäre zu peinlich, wenn ich stattdessen im Wassergraben landete!

Aber was immer auch passiert, ich freue mich unheimlich auf diesen Tag mit meinen Freundinnen und meinem süßen Pony. Ich kann es kaum erwarten, Camillo von der Koppel zu holen und loszulegen.

Oh, super, der Wecker klingelt! Ich werde so tun, als wäre ich gerade aufgewacht, dann werden Bella und Georgia Augen machen, wenn sie sehen, dass ich schon angezogen bin – haha!

344

Die letzte Reitstunde

Hurra! Wir sind endlich über den Wassergraben gekommen! Mein Camillo ist
wirklich ein tolles Pony!

Nach dem Warmreiten sind wir alle acht
Hindernisse auf niedrigster Einstellung
gesprungen, um uns noch einmal die
Reihenfolge einzuprägen. Georgia hat
sich prompt verritten und Prinz auf das
falsche Hindernis zugesteuert und wir alle
haben Stangen abgeworfen, ich war also
nicht die Einzige, die Probleme hatte.

Camillo fürchtete sich immer noch vor
dem Wassergraben, aber diesmal bin ich
nicht wütend geworden. Ich wusste,
dass er sich wirklich Mühe gab. Es war

schließlich nicht seine Schuld, dass ihm das Wasser nicht geheuer war.

Nachdem er wieder und wieder zur Seite ausgebrochen war, war ich trotzdem ein wenig enttäuscht. Und da hat Bella mir erneut angeboten, vorwegzuspringen. Diesmal habe ich natürlich Ja gesagt! Ich bin ein paar Schritte hinter Karuso hergeritten, um die Kurve herum und auf den Wassergraben zu. Karuso sprang wie üblich fehlerfrei und Camillo machte es ihm nach, fast ohne zu merken, was er da tat! Ich lobte ihn überschwänglich und bedankte mich tausendmal bei Bella. Sally forderte mich auf, gleich noch einmal allein zu springen und Camillo sprang wie ein erfahrenes Turnierpferd! Den Plankensprung rissen wir dann allerdings – eine Nullfehlerrunde war es also noch nicht. Wir müssen uns heute Nachmittag richtig Mühe geben.

Jetzt werden wir erst einmal unsere Ponys für das Turnier herausputzen!

Camillo sieht fantastisch aus! Ich habe seine Mähne zu kleinen Zöpfen geflochten, die ich jetzt noch hochbinden will. Ich habe ihn gründlich geputzt und ihm sogar leuchtend bunte Bänder in den Schweif gebunden. Ich muss nur noch meine Reithose anziehen und meine Haare kämmen, dann kann es losgehen.

Oh, ich habe gerade aus dem Fenster gesehen, Mama und Papa sind da!

Das Turnier

Ich war unheimlich aufgeregt, als ich auf den Reitplatz gekommen bin. Wir haben die Ponys warm geritten und sind ein paarmal über ein Hindernis gesprungen. Sally hat uns erklärt, dass jeder zweimal starten darf. „Die Zeit wird nicht gestoppt, es geht nur darum, fehlerfrei zu bleiben", sagte sie. Wir wünschten uns gegenseitig Glück, dann wurden wir einzeln in den Parcours gerufen, wo wir die Richter grüßen mussten – das waren Jan und Lydia.

Anfangs klappte es sehr gut mit Camillo. Wir sind ein wenig zu dicht an den Plankensprung herangekommen, aber ich konnte mich nicht umdrehen, um nachzusehen, ob eine Planke heruntergefallen war. Ich musste mich auf die nächste Wendung konzentrieren. Die Sprünge in der Mitte klappten tadellos und dann kam der Galoppwechsel. Dem Wassergraben näherten wir uns schnurgerade und in einem guten Rhythmus, aber Camillo ist trotzdem ausgebrochen!

Ich war unheimlich enttäuscht, weil ich gedacht hatte, das würde nicht mehr passieren, aber ich versuchte ruhig zu bleiben und wendete ihn. Bisher war es ja nur eine Verweigerung. Ich konnte es also noch einmal versuchen. Camillo hat sicher gespürt, dass ich ziemlich nervös war, denn er raste auf den Wassergraben

zu und sprang wieder im letzten Augenblick zur Seite. Ich blieb zwar oben, aber
jetzt war ich wirklich traurig. Allerdings
hatte bis auf Georgia noch keiner den
Parcours fehlerfrei geschafft.

Nach dem Absitzen fummelte ich an
Camillos Sattelgurt herum, um nicht zu
meinen Eltern gehen zu müssen. Als ich
meinen Vater auf mich zukommen sah,
wäre ich am liebsten in der Sattelkammer
verschwunden. Aber dann blieb ich doch
bei Camillo.

Als Papa bei uns ankam, erstarrte
ich. Camillo sah mich neugierig an und
schnupperte an meinem Arm. Er spürte,
dass etwas nicht stimmte. Ich sah Papa
an und entschied, dass Angriff die beste
Verteidigung war.

„Also gut, es war kein Null-Fehler-Ritt, aber wen stört's? Die Springerei ist nämlich schwieriger, als sie aussieht", murmelte ich.

Aber statt verärgert zu sein, hob Papa nur besänftigend die Hände. „Beruhige dich, Clara", sagte er. „Ich fand, dass du es toll gemacht hast, und Mama denkt dasselbe."

„Aber ich habe dir doch einen fehlerfreien Ritt versprochen. Deswegen bist du doch gekommen …", begann ich.

„Du warst diejenige, die von einem fehlerfreien Ritt gesprochen hat", sagte Papa, „nicht ich. Ich will doch nur, dass du Spaß hast. Wir finden beide, dass du das ganz prima gemacht hast."

„Ehrlich?", fragte ich.

Papa legte
mir den Arm
um die Schul-
tern. „Vielleicht
sage ich dir das nicht
oft genug, aber ich bin
unheimlich stolz auf dich, Clara", meinte
er. Ich sah zu ihm auf und seine Augen
funkelten. Da wusste ich, dass er die
Wahrheit sagte.

Sally rief uns zu, dass es Zeit für die
zweite Runde war. Papa hielt den rechten
Steigbügel, während ich aufsaß.

„Viel Glück, wir drücken dir fest die
Daumen", sagte er und lächelte mich an.

Ich sah zu meiner Mutter hinüber,
die winkte und mir den hochgereckten
Daumen zeigte.

Diesmal startete Georgia als Erste und sie riss den Oxer, aber da sie beim ersten Versuch ohne Fehler geritten war, störte sie das nicht sehr.

Bella blieb diesmal fehlerfrei und ich fürchtete kurz, dass meine alte Eifersucht wieder auftauchen würde, aber das tat sie nicht. Ich freute mich für sie und Karuso. Millie sah unheimlich entschlossen aus und wir feuerten sie alle an, aber Tally kam viel zu schnell um die Kurve, wirbelte blitzschnell herum, sprang vor dem Oxer zu früh ab und stieß mit den Hinterhufen die hintere Stange herunter. Natürlich klatschten wir trotzdem. Millie schien es kein bisschen zu ärgern, dass sie nicht fehlerfrei geblieben war. Aber sie hat ja auch

Glück und lebt auf dem Ponyhof. Wahrscheinlich wird sie schon in der kommenden Woche ihr nächstes Turnier reiten.

Dann war ich an der Reihe.

Alle jubelten und klatschten, als ich einritt, aber als ich auf dem Platz war, bekam ich davon nichts mehr mit. Jetzt gab es nur noch mich und Camillo und die Hindernisse. Ich sah nach vorn, konzentrierte mich darauf, wohin wir ritten, und ließ Camillo einfach springen.

Den Kreuzsprung und die Kombination trafen wir nicht perfekt, aber alle Stangen blieben liegen – puh! An der kurzen Seite des Platzes hatten wir einen guten Rhythmus gefunden und kamen tadellos zur Buschhürde und dem Oxer. Die mittleren Sprünge schafften wir ohne Schwierigkeiten, aber ich erlaubte mir nur einen Sekundenbruchteil der Freude, denn dann musste ich Camillo zum Trab durchparieren und den Galoppwechsel machen. Schon kamen die enge Kurve und der gefürchtete Planken- sprung. Diesmal schien Camillo zu wissen, wie schwierig dieser war, denn er überwand ihn mit einem Riesensatz. Danach war er furchtbar aufgeregt, aber ich konnte ihn auch in der nächsten Kurve ruhig halten und schaffte so den Steilsprung. Als Nächstes kam der Wassergraben. Ich atmete hörbar aus und ließ mich tief in den Sattel sinken. Ich musste Camillo spüren lassen, wie entspannt ich war, denn dann war er es

auch. Ich sah nach vorn auf das Ziel, als wäre der Wassergraben gar nicht da, und bevor ich überhaupt wusste, was los war, waren wir auch schon drüber!

Wir hatten es geschafft – ein Null-Fehler-Ritt!

Mama und Papa jubelten wie verrückt und als ich vom Platz ritt, strahlte ich übers ganze Gesicht.

Auf dem Abreiteplatz sprang ich aus dem Sattel und warf die Arme um Camillos Hals. „Du bist ein Traumpony! Und was für ein tolles Team wir geworden sind!", rief ich glücklich.

Alle Mädchen beglückwünschten

einander zu ihrer Leistung und als ich Camillo auf den Hof führte, kamen meine Eltern mir entgegen. Mama nahm mich in die Arme und drückte mich und Papa sagte: „Gut gemacht, Clara. Das war wirklich toll."

Nachdem wir unsere Ponys in den Stall gebracht hatten, holten wir uns Getränke und Plätzchen aus der Küche und setzten uns an den Rand des Reitplatzes, um den Jüngeren bei ihren Reiterspielen zuzusehen. Die Spiele waren unheimlich lustig und wir haben die anderen wie wild angefeuert.

Später war dann die Siegerehrung und wir holten die Ponys, um unsere Schleifen in Empfang zu nehmen. Ich war so stolz auf meine fehlerfreie Runde. Und noch stolzer war ich darauf, dass Camillo und ich es zusammen geschafft hatten. Wir waren ein tolles Team. Ich steckte ihm die Schleife an die Trense und Papa machte Fotos von uns allen. Dann bat er Lydia, eins von unserer ganzen Familie zu machen, mit Camillo in der Mitte.

Camillo schnupperte an Mamas Arm, was sie ein wenig nervös machte. Bestimmt hatte sie Angst, dass er ihren Ärmel anfressen würde.

Als alles vorbei war, brachte ich Camillo zurück in den Stall. Ich gab ihm eine Möhre und verbrachte eine Ewigkeit damit, ihn zu streicheln und zu putzen.

Es tat mir weh, mich von ihm zu verabschieden. Aber ich habe vor, nächstes

Jahr wiederzukommen. Ich versuche, Mama zu überreden, dass sie mich jetzt schon anmeldet. Besonders traurig war es, Bella und Georgia Auf Wiedersehen zu sagen. Aber Papa hat Unmengen Fotos von uns dreien gemacht und ich werde den beiden gleich morgen  welche mit meinem ersten Brief schicken. Wir haben nämlich versprochen, uns zu schreiben und wir werden dazu das Pony-Briefpapier benutzen.

Als wir schon auf dem Weg zum Auto waren, fielen mir plötzlich die Dankes-briefe ein, die wir geschrieben hatten. Ich rannte zurück auf den Hof. Sally war im Büro und ich gab ihr die Briefe.

Als sie ihren in die Hand nahm, lächelte sie. „Oh, vielen Dank, Clara, das ist wirklich nett", meinte sie. „Danke den anderen bitte auch von mir."

Ich nickte und ging auf die Tür zu. „Clara", sagte Sally, und ich wirbelte herum. „Du hast wirklich viel gelernt in dieser Woche", fuhr sie fort. „Ich bin sehr stolz auf dich, das war prima."

Ich strahlte sie an. „Danke, aber das lag nur an Camillo", antwortete ich und rannte hinaus.

Ich habe in dieser Woche wirklich viel gelernt. Ich habe neue Freundinnen gefunden, tolle Ponys getroffen und herausgefunden, was es bedeutet, ein Pony zum Partner zu haben – und das habe ich Camillo zu verdanken!

Sally hatte recht, als sie mich gewarnt hat, dass ich nicht so versessen auf eine Sache sein soll, weil ich genau die dann wahrscheinlich nie erreiche. Ich habe erst nicht kapiert, was sie damit gemeint hat. Aber jetzt weiß ich es. Von dem Augenblick an, als ich mich entspannt und mit Camillo zusammengearbeitet habe, ging alles viel leichter – und viel mehr Spaß gemacht hat es außerdem! Wie seltsam, dass ich die ganze Woche geglaubt habe, ich würde *ihm* etwas beibringen, obwohl in Wirklichkeit er es war, der *mir* etwas beigebracht hat!

Welches Pony ich wohl nächstes Jahr bekomme?

Der fabelhafte Regenschirm

Band 1
ISBN 978-3-7855-8434-7

Der fabelhafte Regenschirm bringt Ella und ihre Freunde an unbekannte Orte und in vergangene Zeiten, in denen immer ein spannendes Abenteuer auf sie wartet!

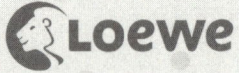

Band 2
ISBN 978-3-7855-8435-4

Ihr habt noch nicht genug?
....
Band 3 und Band 4
erscheinen im Frühjahr 2017

Ponyhof Apfelblüte

Band 1
ISBN 978-3-7855-7882-7

Band 2
ISBN 978-3-7855-7883-4

Band 3
ISBN 978-3-7855-7936-7

Band 4
ISBN 978-3-7855-7937-4

Band 5
ISBN 978-3-7855-8067-7

Band 6
ISBN 978-3-7855-8236-7

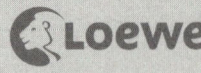

Ponyhof
Apfelblüte

Band 7
ISBN 978-3-7855-8237-4

Band 8
ISBN 978-3-7855-8426-2

Auf dem Ponyhof Apfelblüte werden
Träume wahr. Jedes Mädchen findet sein
Lieblingspony, kann mit ihm schmusen,
es striegeln und natürlich auf ihm reiten!

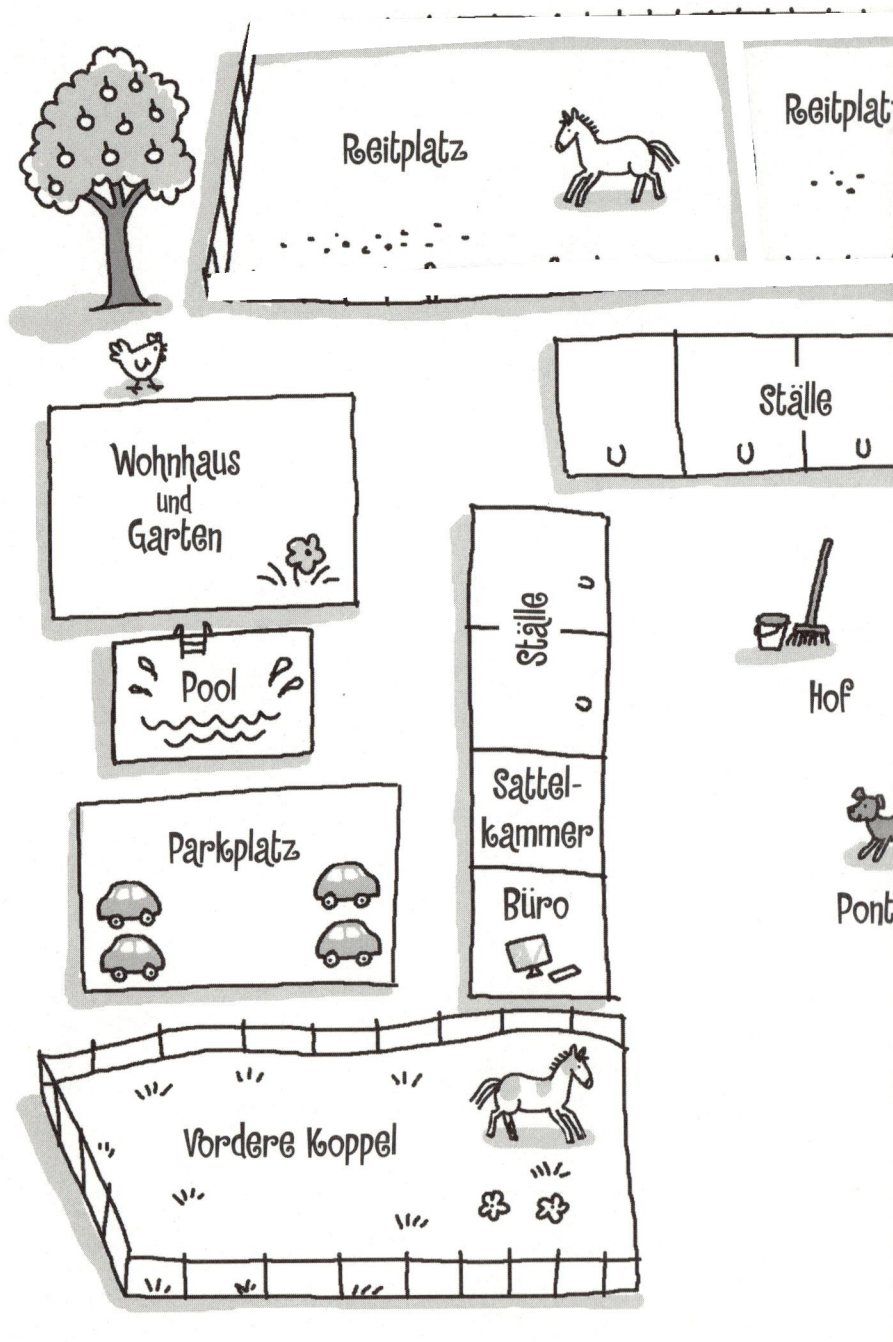

Reitplatz

Reitplat

Ställe

Wohnhaus
und
Garten

Ställe

Hof

Pool

Sattel-
kammer

Büro

Parkplatz

Pont

Vordere Koppel